新丝路"中文＋职业技能"系列教材编写委员会
（中文＋机电一体化）

总策划：马箭飞　谢永华

策　划：宋永波　孙雁飞

顾　问：朱志平（北京师范大学）

　　　　林秀琴（首都师范大学）

　　　　宋继华（北京师范大学）

总主编：谢永华　杜曾慧

语言类主编：严　峻

专业类主编：芮红艳

语言类副主编：陆　杨　余　音

专业类副主编：方　斌　王悍天　娄　磊

项目组长：郭风岚

项目副组长：付彦白

项目成员：郭　冰　武传霞　齐　琰　赫　栗　李金梅

新丝路"中文+职业技能"系列教材

New Silk Road "Chinese + Vocational Skills" Series

中文+机电一体化

Chinese + Mechatronics

中级 Intermediate

新丝路"中文+职业技能"系列教材编写委员会　编

北京语言大学出版社

BEIJING LANGUAGE AND CULTURE
UNIVERSITY PRESS

© 2024 北京语言大学出版社，社图号 23262

图书在版编目（CIP）数据

中文＋机电一体化．中级 ／ 新丝路"中文＋职业技能"系列教材编写委员会编 . -- 北京：北京语言大学出版社，2024.1

新丝路"中文＋职业技能"系列教材

ISBN 978-7-5619-6477-4

Ⅰ.①中… Ⅱ.①新… Ⅲ.①汉语－对外汉语教学－教材②机电一体化－教材 Ⅳ.① H195.4 ② TH-39

中国国家版本馆 CIP 数据核字（2023）第 250143 号

中文＋机电一体化（中级）
ZHONGWEN + JIDIAN YITIHUA (ZHONGJI)

排版制作：北京创艺涵文化发展有限公司
责任印制：周 燚

出版发行：北京语言大学出版社
社　　址：北京市海淀区学院路 15 号，100083
网　　址：www.blcup.com
电子信箱：service@blcup.com
电　　话：编 辑 部　8610-82303647/3592/3724
　　　　　国内发行　8610-82303650/3591/3648
　　　　　海外发行　8610-82303365/3080/3668
　　　　　北语书店　8610-82303653
　　　　　网购咨询　8610-82303908
印　　刷：北京富资园科技发展有限公司
版　　次：2024 年 1 月第 1 版　　印　　次：2024 年 1 月第 1 次印刷
开　　本：889 毫米 × 1194 毫米 1/16　　印　　张：10.25
字　　数：182 千字
定　　价：98.00 元

PRINTED IN CHINA
凡有印装质量问题，本社负责调换。售后 QQ 号 1367565611，电话 010–82303590

编写说明

新丝路"中文＋职业技能"系列教材是把中文作为第二语言，结合专业和职业的专门用途、职业用途的中文教材，不是专业理论教材，不是一般意义的通用综合中文教材。本系列教材定位为职场生存中文教材、立体式技能型语言教材。教材研发的目标是既要满足学习者一般中文环境下的基本交际需求，又要满足学习者职业学习需求和职场工作需求。它和普通的国际中文教材的区别不在语法，而在词汇的专门化程度，在中文的用途、使用场合、应用范围。目前，专门用途、职业用途的中文教材在语言分类和研究成果上几近空白，本系列教材的成功研发开创了中文学习的新视野、新领域、新方向，将"中文＋职业技能＋X等级证书"真正融合，使学习者在学习中文的同时，也可通过实践掌握职业技能，从而获得 X 等级证书。

适用对象

本系列教材将适用对象定位为双零基础（零语言基础、零技能基础）的来华学习中文和先进技能的长期或者短期进修生，可满足初、中、高各层次专业课程的教学需要。教材亦可供海内外相关的培训课程及"走出去"的中资企业培训本土化员工使用。

结构规模

本系列教材采取专项语言技能与职业技能训练相结合的中文教学及教材编写模式。教材选择当前热门的物流管理、汽车服务工程技术、电子商务、机电一体化、计算机网络技术、酒店管理等六个专业，培养各专业急需急用的技术岗位人才。每个专业教材均包括初、中、高级三册。每一册都配有专业视频教学资源，还附有"视频脚本""参考答案"等配套资源。

编写理念

本系列教材将词语进行分类，区分普通词语和专业词语，以通用语料为基础，以概念性、行为性词语为主，不脱离职场情境讨论分级，做到控制词汇量，控制工作场景，控制交流内容与方式，构建语义框架。将语言的分级和专业的分级科学地融合，是实现本系列教材成功编写的关键。

教材目标

语言技能目标：

初级阶段，能熟练掌握基础通用词语和职场的常用专业词语，能使用简短句子进行简单的生活及工作交流。中级阶段，能听懂工作场合简单的交谈与发言，明白大意，把握基本情况，能就工作中重要的话题用简单的话与人沟通。高级阶段，能听懂工作场合一般的交谈与发言，抓住主要内容和关键信息，使用基本交际策略与人交流、开展工作，能初步了解与交际活动相关的文化因素，掌握与交际有关的一般文化背景知识，能排除交际时遇到的文化障碍。交际能力层次的递进实现从初级的常规礼节、基本生活及工作的交流能力，到中级的简单的服务流程信息交流能力，最后达到高级的复杂信息的交流和特情处理的能力。

职业技能目标：

以满足岗位需求为目标，将遴选出的当前热门的专业工作岗位分为初、中、高三级。物流管理专业初、中、高级对应的岗位分别是物流员、物流经理、物流总监；汽车服务工程技术专业初、中、高级对应的岗位分别是汽车机电维修工、汽车服务顾问、技术总监；电子商务专业初、中、高级对应的岗位分别是电子商务运营助理、电子商务运营员、电子商务客服；机电一体化专业初、中、高级对应的岗位分别是机电操作工、机电调整工、机电维修工；计算机网络技术专业初、中、高级对应的岗位分别是宽带运维工程师、网络运维专员、网络管理员；酒店管理专业初、中、高级对应的岗位分别是前厅基层接待员、前厅主管、前厅经理。每个专业分解出三十个工作场景/任务，学习者在学习后能够全面掌握此岗位的概况及基本程序，实现语言学习和专业操作的双重目标。

编写原则

1. 语言知识技能与专业知识技能并进，满足当前热门的、急需急用的岗位需求。

2. 渐进分化，综合贯通，拆解难点，分而治之。

3. 语言知识与专业知识科学、高效复现，语言技能与专业技能螺旋式上升，职场情境、语义框架、本体输入方式相互配合。

4. 使用大量的图片和视频，实现专业知识和技能呈现形式可视化。

5. 强化专业岗位实操性技能。本系列教材配有专业技术教学的视频，突出展示专业岗位的实操性技能，语言学习难度与技能掌握难度的不匹配可通过实操性强的视频和实训环节来补充。

特色追求

本系列教材从初级最基础的语音知识学习和岗位认知开始，将"中文＋职业技能"融入在工作场景对话中，把工作分解成一个个任务，用图片认知的方式解决专业词语的认知问题，用视频展示的方法解决学习者掌握中文词语与专业技能的不匹配问题，注重技能的实操性，注重"在做中学"。每一单元都设置了"学以致用"板块，目的不仅仅是解决本单元任务的词语认知问题，更是将学习的目标放在"能听""能用""能模仿说出"上。我们力争通过大量图片的使用和配套视频的展示，将教材打造成立体式、技能型语言教材，方便学习者能够更好地自主学习。

使用建议

1. 本系列教材每个专业分为初、中、高级三册，每册10单元，初级每单元建议8～10课时完成，中级10～12课时完成，高级12～14课时完成。

2. 教材注释和说明着力于简明扼要，注重实操性，注重听说技能培养，对于教材涉及的语法知识，教师可视情况予以细化和补充。

3. "单元实训"板块可以在课文和语言点学完之后作为课堂练习使用，建议2课时完成。教师要带着学习者按照实训步骤一步步完成，实训步骤不要求学习者能够看懂，读懂，重要的是教师要引领操作，实现学习者掌握专业技能的目标。

4. "单元小结"板块是对整个单元关键词语和核心内容的总结，对于这部分内容，教师要进行听说练习，以便更好地帮助学习者了解本单元的核心工作任务。

5. 教师上课时要充分利用教材设计的练习，引导学习者多听多练，听说结合，学做合一。

6. 教师要带着学习者熟练诵读课文，要求学习者把每课的关键词语和句子、课堂用语背诵下来。

特别感谢

感谢教育部中外语言交流合作中心将新丝路"中文＋职业技能"系列教材列为重点研发项目，为我们教材编写增添了动力和责任感。教材编写委员会负责整套教材的规划、设计与编写协调，并先后召开上百次讨论会，对每册教材的课文编写、体例安排、注释说明、练习设计、图片选择、视频制作等进行全方位的评估、讨论和审定。感谢编写委员会成员和所有编者高度的敬业精神、精益求精的编写态度，以及所投入的热情和精力、付出的心血与智慧。感谢关注本系列教材并贡献宝贵意见的国际中文教育教学界专家和全国各地的同人。

新丝路"中文＋职业技能"系列教材编写委员会

2023 年 4 月

The New Silk Road "Chinese + Vocational Skills" is a series of Chinese textbooks for specialized and vocational purposes that combine professional and vocational technologies with Chinese as a second language. Instead of being specialized theoretical textbooks, or comprehensive or universal Chinese textbooks in a general sense, this series is intended to be Chinese textbooks for career survival, and three-dimensional skills-based language textbooks. The textbooks are developed with a view to meeting students' basic communication needs in general Chinese environment, and their professional learning needs and workplace demands as well. They are different from ordinary Chinese textbooks for foreigners in the degree of specialization of vocabulary, in the purpose, usage occasion, and application scope of Chinese (not in grammar). At present, Chinese textbooks for specialized and vocational purposes are virtually non-existent in terms of language classification and research results, so the successful development of this series has opened up new horizons, new fields and new directions for Chinese learning, and virtually integrated "Chinese + Vocational Skills + X-Level Certificates", which enables students to practically master vocational skills and obtain X-level certificates while learning Chinese.

Applicable Targets

This series is targeted at long-term or short-term students who come to China to learn Chinese and advanced skills with zero language basis and zero skill basis, which can meet the teaching needs of the elementary, intermediate and advanced specialized courses. This series can also be used for relevant training courses at home and abroad and for Chinese-funded enterprises that "go global" to train local employees.

Structure and Scale

This series adopts a Chinese teaching and textbook compilation model combining special language skills and vocational skills training. The series includes the textbooks for six popular majors such as logistics management, automotive service engineering technology, e-commerce, mechatronics, computer networking technology, and hotel management to cultivate technical talents in urgent need. The textbooks for each major consist of the textbooks at the elementary, intermediate and advanced levels. Each textbook is equipped with professional video teaching resources, and "video scripts", "reference answers" and other supporting resources as well.

Compilation Concept

This series classifies the vocabulary into general vocabulary and specialized vocabulary. Based on the general vocabulary, it focuses on conceptual and behavioral words, not deviating from workplace situations, so as to control the vocabulary, work scenarios and content and means of communication, and build the semantic framework. The scientific integration of language classification and specialty classification is the key to the successful compilation of textbooks.

Textbook Objectives

Language Skill Objectives

For students at the elementary level, they are trained to be familiar with basic general vocabulary and common specialized vocabulary in the workplace, and be able to use short sentences for simple communication in life and at work. For those at the intermediate level, they are trained to understand simple conversations and speeches in the workplace, comprehend the main ideas, grasp the basic situations, and communicate with others in simple words on important topics at work. For those at the advanced level, they are trained to be able to understand general conversations and speeches in the workplace, grasp the main content and key information, use basic communication strategies to communicate with others and carry out the work, have a preliminary understanding of cultural factors related to communication activities, master the general communication-related cultural background knowledge, and overcome cultural barriers encountered during communication. The progression in level of communicative competence helps them to leap forward from routine etiquette, basic communication in life and at work at the elementary level, to simple information exchange of service processes at the intermediate level, and finally to complex information exchange and handling of special circumstances at the advanced level.

Vocational Skill Objectives

To meet job requirements at the elementary, intermediate and advanced levels, the professional positions that are most urgently needed overseas are selected. The positions corresponding to logistics management at the elementary, intermediate and advanced levels are logistics staff, logistics managers and logistics directors; the positions corresponding to automotive service engineering technology at the elementary, intermediate and advanced levels are automotive electromechanical maintenance staff, automotive service consultants and technical directors; the positions corresponding to e-commerce at the elementary, intermediate and advanced levels are electronic operation assistants, e-commerce operators and e-commerce customer service staff; the positions corresponding to mechatronics at the elementary, intermediate and advanced levels are mechanical and electrical operators, mechanical and electrical adjusters, and mechanical and electrical maintenance staff; the positions corresponding to computer networking techology at the elementary, intermediate and advanced levels are broadband operation and maintenance engineers, network operation and maintenance specialists, and network administrators; the positions corresponding to hotel management at the elementary, intermediate and advanced levels are lobby receptionists, lobby supervisors and lobby managers. Through 30 work scenarios/ tasks set for each major, learners can fully grasp the general situations and basic procedures of the position after learning, and achieve the dual goals of language learning and professional operation.

Principles of Compilation

1. Language knowledge skills and professional knowledge skills go hand in hand to meet the demands of current popular and urgently needed job positions;

2. It makes progressive differentiation and comprehensive integration, breaking down, dividing and conquering difficult points;

3. Language knowledge and professional knowledge recur scientifically and efficiently, language skills and professional skills spiral upward, and the situational stage, semantic framework, and ontology input methods cooperate with each other;

4. Professional knowledge and skills are visualized, using a lot of pictures and videos;

5. It strengthens the practical skills in professional positions. This series of textbooks is equipped with videos of professional technical training, highlighting the practical skills for professional positions. It addresses the mismatch between the difficulty of language learning and that of mastering skills by supplementing with practical videos and practical training.

Characteristic Pursuit

Starting from the basic phonetic knowledge learning and job cognition at the elementary level, this series integrates "Chinese + Vocational Skills" into the working scene dialogues, breaking down the job into various tasks, solving lexical students' problems by means of picture cognition, solving the problem of the mismatch between students' mastery of Chinese vocabulary and professional skills by means of displaying videos, stressing the practicality of skills, and focusing on "learning by doing". Each unit has a "Practicing What You Have Learnt" module, which not only solves the problem of lexical cognition of this unit, but also takes "being able to comprehend", "being able to use" and "being able to imitate" as the learning objectives. We strive to use a large number of pictures and display supporting videos to build the textbooks into three-dimensional skills-based language teaching materials, so that learners can learn more independently.

Recommendations for Use

1. Each major of this series consists of three volumes at the elementary, intermediate, and advanced levels, with 10 units in each volume. For each unit, it is recommended to be completed in 8-10 class hours at the elementary level, 10-12 class hours at the intermediate level, and 12-14 class hours at the advanced level.

2. The notes and explanations in the textbooks focus on conciseness, practicality, and the training of listening and speaking skills. The grammar knowledge in the textbooks can be detailed and supplemented by teachers as the case may be.

3. "Unit Practical Training" module can be used as a classroom exercise after the texts and language points, preferably to be completed in two class hours. Teachers should guide students to complete the training tasks step by step. Students are not required to read and understand the training steps. It is important that teachers guide students to achieve the goal of mastering professional skills.

4. "Unit Summary" module summarizes the keywords and core content of the entire unit. Through listening and speaking exercises, this part can better help learners understand the core tasks of this unit.

5. Teachers should make full use of the exercises designed in the textbooks during class, and guide students to listen more and practice more, combine listening and speaking, and integrate learning with practice.

6. Teachers should guide students to proficiently read the texts aloud, asking them to recite the keywords, sentences and classroom expressions in each unit.

Acknowledgements

We are grateful to the Center for Language Education and Cooperation of the Ministry of Education for listing the New Silk Road "Chinese + Vocational Skills" series as a key research and development project, which adds motivation and a sense of responsibility to our textbook compilation. The Textbook Compilation Committee is responsible for the planning, design, compilation and coordination of the entire set of textbooks, and has held hundreds of seminars to conduct a comprehensive evaluation, discussion, examination and approval of text compilation, style arrangement, notes and explanations, exercise design, picture selection, and video production of each textbook. We are indebted to the members of the Compilation Committee and all compilers for their professional dedication, unwavering pursuit of perfection in the compilation, as well as their enthusiasm, hard work and wisdom. We are thankful to the experts in international Chinese language education and colleagues from all over the country who have kept a close eye on this series and contributed their valuable opinions.

Compilation Committee of New Silk Road "Chinese + Vocational Skills" Series

April 2023

gǎngwèi jièshào
岗位介绍
Introduction to Posts

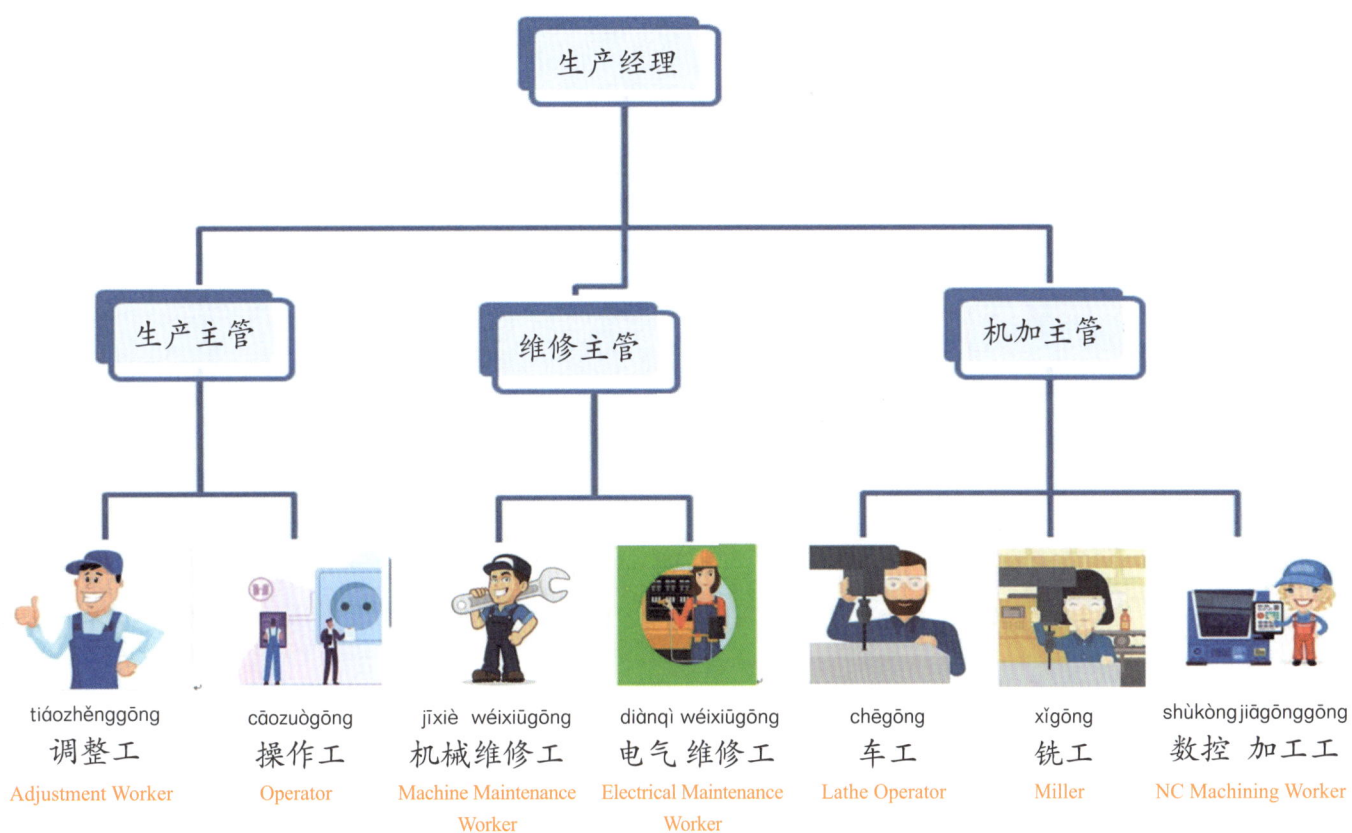

生产经理

生产主管　　维修主管　　机加主管

tiáozhěnggōng	cāozuògōng	jīxiè wéixiūgōng	diànqì wéixiūgōng	chēgōng	xǐgōng	shùkòng jiāgōnggōng
调整工	操作工	机械维修工	电气 维修工	车工	铣工	数控 加工工
Adjustment Worker	Operator	Machine Maintenance Worker	Electrical Maintenance Worker	Lathe Operator	Miller	NC Machining Worker

语法术语及缩略形式参照表
Abbreviations of Grammar Terms

Grammar Terms in Chinese	Grammar Terms in Pinyin	Grammar Terms in English	Abbreviations
名词	míngcí	noun	n.
专有名词	zhuānyǒu míngcí	proper noun	pn.
代词	dàicí	pronoun	pron.
数词	shùcí	numeral	num.
量词	liàngcí	measure word	m.
数量词	shùliàngcí	quantifier	q.
动词	dòngcí	verb	v.
助动词	zhùdòngcí	auxiliary	aux.
形容词	xíngróngcí	adjective	adj.
副词	fùcí	adverb	adv.
介词	jiècí	preposition	prep.
连词	liáncí	conjunction	conj.
助词	zhùcí	particle	part.
拟声词	nǐshēngcí	onomatopoeia	onom.
叹词	tàncí	interjection	int.
前缀	qiánzhuì	prefix	pref.
后缀	hòuzhuì	suffix	suf.
成语	chéngyǔ	idiom	idm.
短语	duǎnyǔ	phrase	phr.
主语	zhǔyǔ	subject	S
谓语	wèiyǔ	predicate	P
宾语	bīnyǔ	object	O
定语	dìngyǔ	attributive	Attrib
状语	zhuàngyǔ	adverbial	Adverb
补语	bǔyǔ	complement	C

CONTENTS

目录

Língjiàntú de shídú
零件图的识读
Detail Drawing Reading

dì-yī jiǎo tóuyǐngfǎ li de jīběn shìtú
第一角 投影法里的基本视图
Basic Views of the First Angle Projection

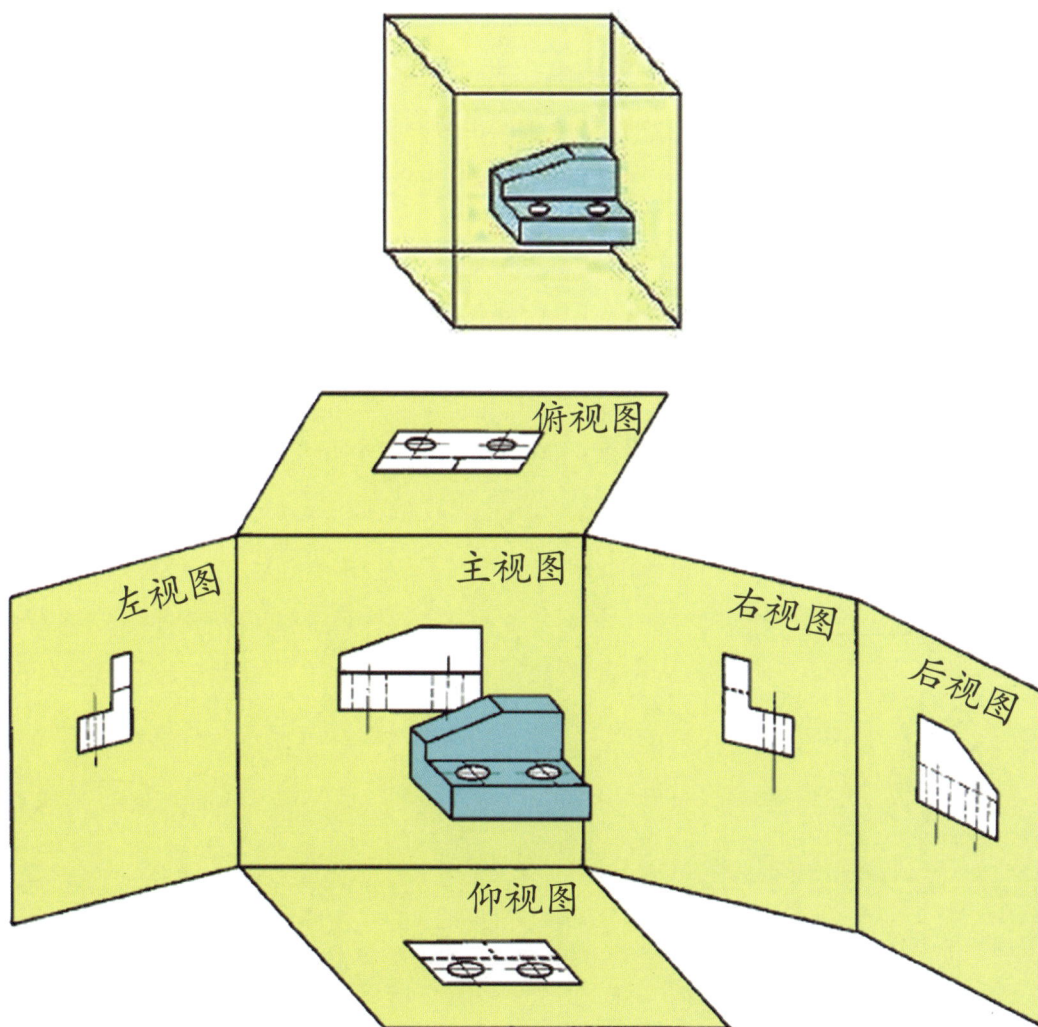

俯视图

左视图　　　主视图　　　右视图　　　后视图

仰视图

题解　Introduction

1. 学习内容：零件图里的常用符号及其表示的意义、第一角投影法里的三个基本视图。
   Learning content: The common symbols and their meanings in detail drawings, and the three basic views of the first angle projection
2. 知识目标：掌握与零件基本视图相关的关键词，了解汉字的笔画"一""丨""丿""乀"和笔顺"先横后竖、先撇后捺"，学写相关汉字。
   Knowledge objectives: To master the keywords related to the basic views of parts, learn the strokes "一", "丨", "丿", "乀", and the stroke orders "horizontal strokes before vertical strokes, left-falling strokes before right-falling strokes" of Chinese characters, and write the related characters
3. 技能目标：能够正确判断六个基本投影图。
   Skill objective: To be able to correctly judge the six basic projections

第一部分　Part 1

课文　Texts

一、热身　rèshēn　Warm-up

1. 给词语选择对应的图片。**Choose the corresponding picture for each word.**

A.

B.

C.

D.

E.

F.

| ❶ yuánzhùdù
圆柱度 _____
cylindricity | ❷ zhíxiàndù
直线度 _____
straightness | ❸ píngmiàndù
平面度 _____
flatness |
| ❹ xiàn lúnkuòdù
线轮廓度 _____
profile of any line | ❺ yuándù
圆度 _____
circularity | ❻ miàn lúnkuòdù
面轮廓度 _____
profile of any plane |

2. 观看介绍第一角投影法里三个基本视图的视频，将三个基本视图的名称与对应字母连线。**Watch the video introducing the three basic views of the first angle projection and connect the names of the three basic views to the corresponding letters.**

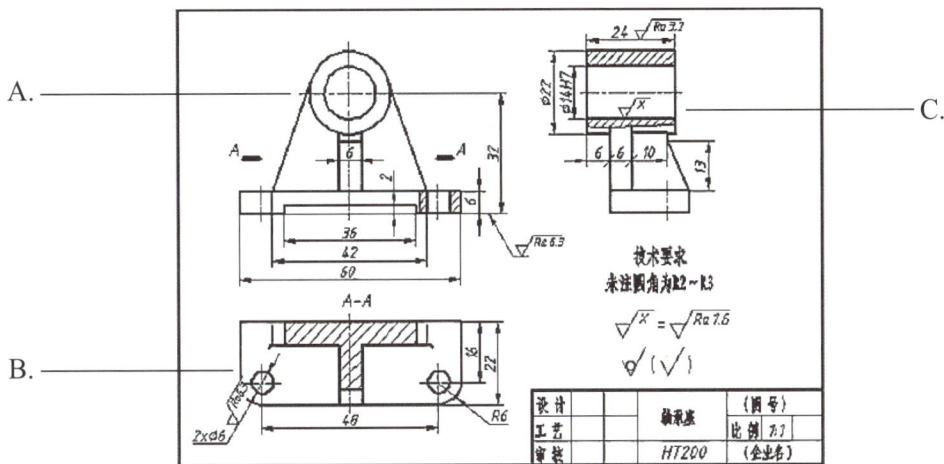

zuǒshìtú
❶ 左视图
left view

A.

fǔshìtú
❷ 俯视图
top view

B.

zhǔshìtú
❸ 主视图
front view

C.

二、课文　kèwén　Texts

A 🎧 01-01

Gōngchéng zhìtú shì shìjiè gè guó rénmen dōu shǐyòng de yì zhǒng huìtú yǔyán. Zài zhìzàoyè
工程 制图是世界各国人们都使用的一种绘图语言。在制造业

zhōng, tōngcháng zhǐ yòng xiàndìng de jǐ lèi shìtú lái zhǎnshì mǒu yī wùtǐ xíngzhuàng, zhǔyào bāokuò
中，通常只用限定的几类视图来展示某一物体形状，主要包括

jīběn shìtú、 pōumiàn shìtú hé duànmiàntú.
基本视图、剖面视图和断面图。

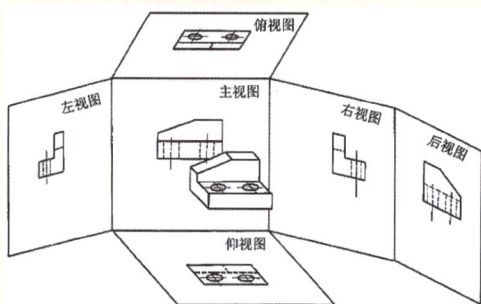

译文 yìwén Text in English

The engineering drawing is a drawing language shared by people all around the world. In manufacturing industry, usually only a few prescribed types of views are used to show the shape of a certain object, mainly including basic views, sectional views and cross-section diagrams.

普通词语 pǔtōng cíyǔ General Vocabulary　🎧 01-02

1.	工程	gōngchéng	n.	engineering
2.	制图	zhì//tú	v.	draw/draft (a chart)
3.	世界	shìjiè	n.	world
4.	人们	rénmen	n.	people
5.	绘图	huìtú	v.	map, sketch
6.	语言	yǔyán	n.	language
7.	制造业	zhìzàoyè	n.	manufacturing industry
8.	通常	tōngcháng	adv.	usually
9.	限定	xiàndìng	v.	limit
10.	类	lèi	m.	kind, type
11.	展示	zhǎnshì	v.	show
12.	某	mǒu	pron.	certain
13.	物体	wùtǐ	n.	object, substance

专业词语 zhuānyè cíyǔ Specialized Vocabulary　🎧 01-03

1.	视图	shìtú	n.	view
2.	基本视图	jīběn shìtú	phr.	basic view
3.	剖面视图	pōumiàn shìtú	phr.	sectional view
4.	断面图	duànmiàntú	n.	cross-section diagram

B 🎧 01-04

Túzhǐ　zhōng cháng jiàn fúhào zhǔyào yònglái miáoshù xíngzhuàng gōngchā、dìngxiàng gōngchā、

图纸中　常见　符号主要用来描述　形状　公差、定向　公差、

dìngwèi gōngchā、tiàodòng gōngchā děng.

定位　公差、跳动　公差　等。

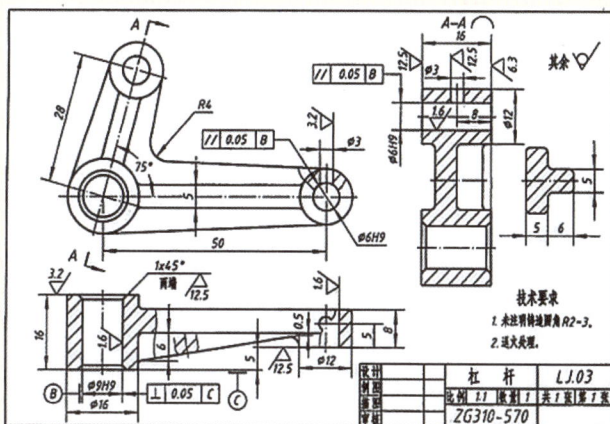

译文 yìwén Text in English

The common symbols in drawings are mainly used to describe form tolerance, orientation tolerance, location tolerance, run-out tolerance and so on.

普通词语 pǔtōng cíyǔ General Vocabulary　🎧 01-05

1.	常见	cháng jiàn	phr.	common
2.	符号	fúhào	n.	symbol
3.	描述	miáoshù	v.	describe

专业词语 zhuānyè cíyǔ Specialized Vocabulary　🎧 01-06

1.	形状公差	xíngzhuàng gōngchā	phr.	form tolerance
2.	定向公差	dìngxiàng gōngchā	phr.	orientation tolerance
3.	定位公差	dìngwèi gōngchā	phr.	location tolerance
4.	跳动公差	tiàodòng gōngchā	phr.	run-out tolerance

三、视听说　shì-tīng-shuō　Viewing, Listening and Speaking

观看介绍定向公差、定位公差和跳动公差符号的视频，将左侧的符号与右侧的含义连线。**Watch the video introducing the symbols of orientation tolerance, location tolerance and run-out tolerance, and connect the symbols on the left to their meanings on the right.**

rènshi dìngxiàng gōngchā, dìngwèi gōngchā hé tiàodòng gōngchā fúhào
认识 定向 公差、定位 公差和跳动 公差 符号
Understanding Symbols of Orientation Tolerance, Location Tolerance and Run-Out Tolerance

①	A. yuán tiàodòng 圆 跳动 circular run-out
②	B. qīngxiédù 倾斜度 inclination
③	C. zǒng tiàodòng 总 跳动 total run-out
④	D. wèizhìdù 位置度 position
⑤	E. chuízhídù 垂直度 perpendicularity
⑥	F. duìchèndù 对称度 symmetry
⑦	G. tóngzhóudù 同轴度 concentricity
⑧	H. píngxíngdù 平行度 parallelism

四、学以致用 xuéyǐzhìyòng Practicing What You Have Learnt

观看介绍第一角投影法里六种基本视图的视频，并根据名称选择合适的图片。**Watch the video introducing the six basic views of the first angle projection, and choose the appropriate pictures according to their names.**

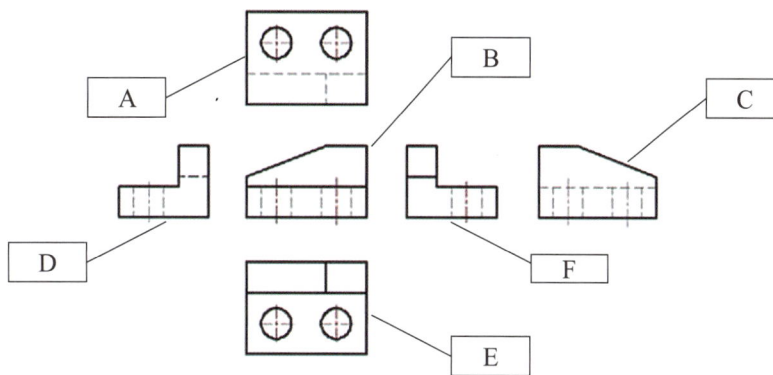

rènshi dì-yī jiǎo tóuyǐngfǎ li de jīběn shìtú
认识第一角投影法里的基本视图
Understanding Basic Views of the First Angle Projection

A　　　B　　　C

D　　　F

E

① zhǔshìtú
主视图＿＿＿＿＿＿
front view

② fǔshìtú
俯视图＿＿＿＿＿＿
top view

③ yǎngshìtú
仰视图＿＿＿＿＿＿
bottom view

④ zuǒshìtú
左视图＿＿＿＿＿＿
left view

⑤ yòushìtú
右视图＿＿＿＿＿＿
right view

⑥ hòushìtú
后视图＿＿＿＿＿＿
rear view

五、小知识 xiǎo zhīshi Tips

Jīxiè zhìtú li pōushìtú zhǔyào bāokuò shèjì quánpōu shìtú、 bànpōu shìtú、 júbùpōu
机械制图里剖视图主要包括设计全剖视图、半剖视图、局部剖
shìtú hé duànmiàntú děng.
视图和断面图等。

The sectional views in mechanical drawing mainly include full sectional views, semi-sectional views, part sectional views, cross-section diagrams and so on.

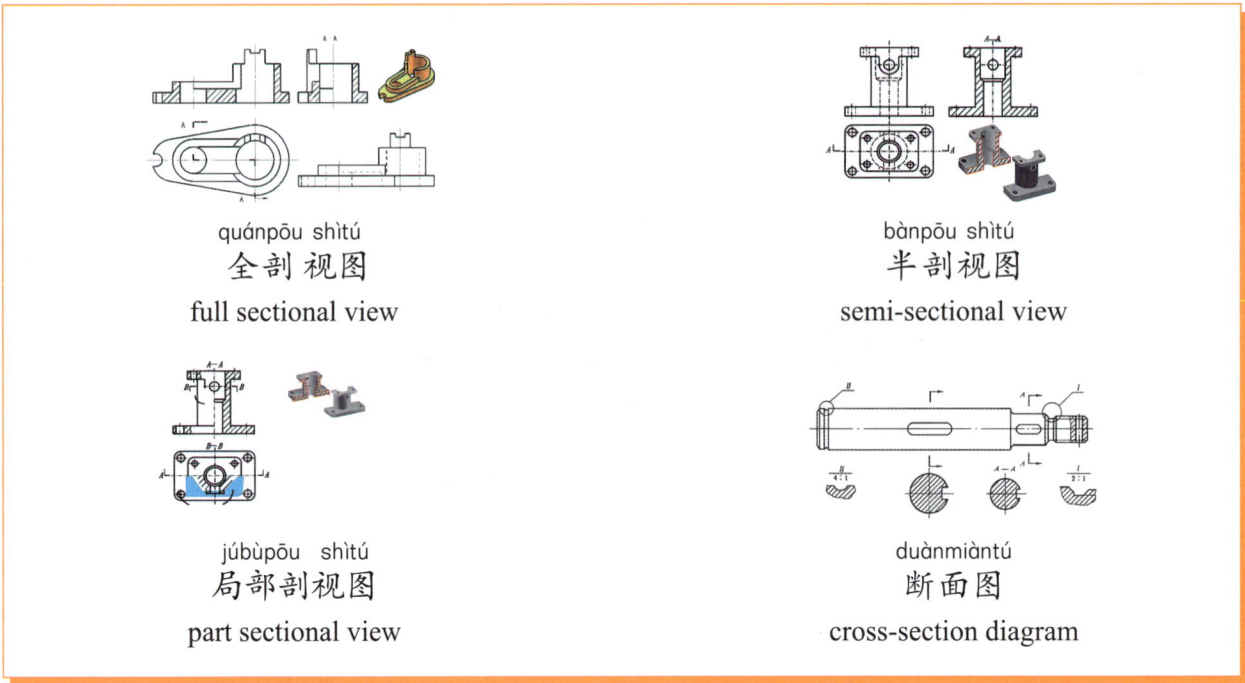

quánpōu shìtú
全剖视图
full sectional view

bànpōu shìtú
半剖视图
semi-sectional view

júbùpōu shìtú
局部剖视图
part sectional view

duànmiàntú
断面图
cross-section diagram

第二部分　Part 2

汉字　*Chinese Characters*

一、汉字知识　Hànzì zhīshi　Knowledge about Chinese Characters

1. 汉字的笔画（1）　Strokes of Chinese characters (1)

笔画 Strokes	名称 Names	例字 Examples
一	横 héng	二
丨	竖 shù	十
丿	撇 piě	人
丶	捺 nà	八

2. 汉字的笔顺（1）　Stroke orders of Chinese characters (1)

规则 Rules	例字 Examples	笔顺 Stroke orders
先横后竖 Horizontal strokes before vertical strokes	十	一　十
先撇后捺 Left-falling strokes before right-falling strokes	人 八	丿　人 丿　八

二、汉字认读与书写　Hànzì rèndú yǔ shūxiě　The Recognition and Writing of Chinese Characters

认读下列词语，并试着读写构成词语的汉字。Recognize the following words, and try to read and write the Chinese characters forming these words.

主视图　　俯视图　　左视图

主			视			图						
俯			视			图						
左			视			图						

第三部分　Part 3

日常用语 *Daily Expressions*

① 劳驾，帮我叫辆出租车。Láojià, bāng wǒ jiào liàng chūzūchē. Excuse me, please get me a taxi.

② 明天见。Míngtiān jiàn. See you tomorrow.

③ 不见不散。Bújiàn-búsàn. Be there or be square.

第四部分　Part 4

单元实训 *Unit Practical Training*

工程制图中常用符号和基本视图的识读
Reading of Common Symbols and Basic Views in Engineering Drawing

实训目的 Training purpose

通过本次实训，学生能够了解工程制图里的常用符号及其表示的意义，能够判断六种主要基本视图。

Through this practical training, the students are able to understand common symbols and their meanings in engineering drawing and identify the six main basic views.

实训组织 Training organization

每组 6 人，另设一人为主持人。组内 2 人为一小组，每小组发放一张零件图纸，小组中一人为提问方，另一人为回答方，3 分钟后互换角色。

Six students in each group with another student as the host. Two students form a subgroup, each subgroup is given a detail drawing. One student in the subgroup acts as the questioner, and the other acts as the respondent. Swap their roles after three minutes.

实训步骤 Training steps

① 主持人讲解游戏规则。

The host explains the game rules.

❷ 你问我答：学生自由组合，2 人一组，主持人给每组发一张零件图纸，宣布提问环节开始。教师要注意现场进度和准确程度。

You ask and I answer: The students combine randomly in pairs. The host gives out a detail drawing to each group and announces the beginning of the Q&A session. The teacher should pay attention to the on-site progress and accuracy.

❸ 我问你答：3 分钟后，主持人根据现场情况宣布角色互换。

I ask and you answer: Three minutes later, the host announces the role swapping based on the on-site situation.

❹ 学生在课堂上完成练习以后进入车间，根据实训进度发放加工图纸，学生根据所学知识进行现场识读和分析。

After completing the practice in class, the students enter the workshop. Machining drawings are given out according to the progress of the practical training and the students identify and analyze them on-site based on what they have learnt.

❺ 每组派代表向大家展示一个常用符号，并说明其意义。

Each group assigns a representative to demonstrate a common symbol and explain its meaning to the class.

❻ 教师点评。

The teacher comments.

第五部分　Part 5

单元小结　Unit Summary

cíyǔ
词语
Vocabulary

普通词语　General Vocabulary

1.	工程	gōngchéng	n.	engineering
2.	制图	zhì//tú	v.	draw/draft (a chart)
3.	世界	shìjiè	n.	world
4.	人们	rénmen	n.	people
5.	绘图	huìtú	v.	map, sketch
6.	语言	yǔyán	n.	language
7.	制造业	zhìzàoyè	n.	manufacturing industry
8.	通常	tōngcháng	adv.	usually
9.	限定	xiàndìng	v.	limit
10.	类	lèi	m.	kind, type
11.	展示	zhǎnshì	v.	show
12.	某	mǒu	pron.	certain
13.	物体	wùtǐ	n.	object, substance
14.	常见	cháng jiàn	phr.	common
15.	符号	fúhào	n.	symbol
16.	描述	miáoshù	v.	describe

cíyǔ
词语
Vocabulary

专业词语   Specialized Vocabulary

1.	视图	shìtú	n.	view
2.	基本视图	jīběn shìtú	phr.	basic view
3.	剖面视图	pōumiàn shìtú	phr.	sectional view
4.	断面图	duànmiàntú	n.	cross-section diagram
5.	形状公差	xíngzhuàng gōngchā	phr.	form tolerance
6.	定向公差	dìngxiàng gōngchā	phr.	orientation tolerance
7.	定位公差	dìngwèi gōngchā	phr.	location tolerance
8.	跳动公差	tiàodòng gōngchā	phr.	run-out tolerance

补充专业词语   Supplementary Specialized Vocabulary

1.	圆柱度	yuánzhùdù	n.	cylindricity
2.	直线度	zhíxiàndù	n.	straightness
3.	平面度	píngmiàndù	n.	flatness
4.	线轮廓度	xiàn lúnkuòdù	phr.	profile of any line
5.	圆度	yuándù	n.	circularity
6.	面轮廓度	miàn lúnkuòdù	phr.	profile of any plane
7.	左视图	zuǒshìtú	n.	left view
8.	俯视图	fǔshìtú	n.	top view
9.	主视图	zhǔshìtú	n.	front view
10.	仰视图	yǎngshìtú	n.	bottom view
11.	右视图	yòushìtú	n.	right view
12.	后视图	hòushìtú	n.	rear view
13.	圆跳动	yuán tiàodòng	phr.	circular run-out
14.	倾斜度	qīngxiédù	n.	inclination
15.	总跳动	zǒng tiàodòng	phr.	total run-out
16.	位置度	wèizhìdù	n.	position
17.	垂直度	chuízhídù	n.	perpendicularity
18.	对称度	duìchèndù	n.	symmetry
19.	同轴度	tóngzhóudù	n.	concentricity
20.	平行度	píngxíngdù	n.	parallelism
21.	全剖视图	quánpōu shìtú	phr.	full sectional view
22.	半剖视图	bànpōu shìtú	phr.	semi-sectional view
23.	局部剖视图	júbùpōu shìtú	phr.	part sectional view

| jùzi
句子
Sentences | 1. 工程制图是世界各国人们都使用的一种绘图语言。
2. 在制造业中，通常只用限定的几类视图来展示某一物体形状，主要包括基本视图、剖面视图和断面图。
3. 图纸中常见符号主要用来描述形状公差、定向公差、定位公差、跳动公差等。 |

Cháng yòng jīchuáng
常用 机床
Common Machine Tools

shùkòng chēchuáng
数控　车床
CNC Lathe

shùkòng móchuáng
数控　磨床
CNC Grinding Machine

shùkòng jīchuáng zhǒnglèi
数控 机床 种类
Types of CNC Machine Tools

shùkòng zuànchuáng
数控　钻床
CNC Drilling Machine

shùkòng xǐchuáng
数控　铣床
CNC Milling Machine

shùkòng tángchuáng
数控　镗床
CNC Boring Machine

题解 Introduction

1. 学习内容：常用机床的名称和作用、普通机床与数控机床的区别和各自的特性。

Learning content: The names and functions of common machine tools, the difference between ordinary machine tools and CNC machine tools and their respective characteristics

2. 知识目标：掌握与机床类别相关的关键词，了解汉字的笔画"、""乛""乚""乚"和笔顺"先上后下、先左后右"，学写相关汉字。

Knowledge objectives: To master the keywords related to the types of machine tools, learn the strokes "、", "乛", "乚", "乚", and the stroke orders "upper strokes before lower strokes, left-side strokes before right-side strokes" of Chinese characters, and write the related characters

3. 技能目标：能够根据生产需要选择合适的机床。

Skill objective: To be able to choose appropriate machine tools based on production needs

第一部分 Part 1

课文 Texts

一、热身 rèshēn Warm-up

1. 给词语选择对应的图片。Choose the corresponding picture for each word.

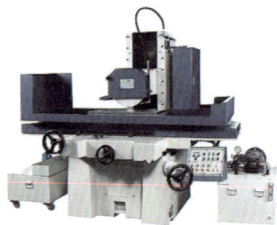

A.

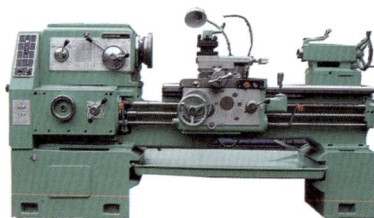

B.

C.

D.

chēchuáng
❶ 车床 _____
lathe

zuànchuáng
❷ 钻床 _____
drilling machine

xǐchuáng
❸ 铣床 _____
milling machine

móchuáng
❹ 磨床 _____
grinding machine

2. 观看介绍数控机床常用类型的视频，将数控机床的图片与名称连线。 **Watch the video introducing common types of CNC (Computer Numerical Control) machine tools and connect the pictures of the CNC machine tools to the names.**

①

shùkòng chēchuáng
A. 数控 车床
CNC lathe

②

shùkòng zuànchuáng
B. 数控 钻床
CNC drilling machine

③

shùkòng móchuáng
C. 数控 磨床
CNC grinding machine

④

shùkòng xǐchuáng
D. 数控 铣床
CNC milling machine

二、课文　kèwén　Texts

A 🎧 02-01

Jīchuáng shì zhǐ zhìzào jīqì de jīqì. Jīngdù yāoqiú jiào gāo hé biǎomiàn cūcāodù yāoqiú
机床 是指制造机器的机器。精度要求较 高和 表面 粗糙度要求

jiào xì de língjiàn, yìbān dōu xū zài jīchuáng shang yòng qiēxiāo de fāngfǎ jìnxíng zuìzhōng jiāgōng.
较细的零件，一般都需在机床 上 用切削的方法进行最终 加工。

译文 yìwén Text in English

Machine tools refer to machines that make machines. The parts with relatively high precision and fine surface roughness requirements usually need final processing on machine tools using the cutting method.

普通词语 pǔtōng cíyǔ General Vocabulary 🎧 02-02

1.	指	zhǐ	v.	refer to
2.	较	jiào	adv.	relatively, comparatively
3.	细	xì	adj.	fine
4.	需	xū	v.	need
5.	最终	zuìzhōng	n.	final
6.	加工	jiā//gōng	v.	process

专业词语 zhuānyè cíyǔ Specialized Vocabulary 🎧 02-03

1.	机床	jīchuáng	n.	machine tool
2.	精度	jīngdù	n.	accuracy
3.	粗糙度	cūcāodù	n.	roughness
4.	切削	qiēxiāo	v.	cut

B 🎧 02-04

Shùkòng jīchuáng shì zhǐ shùzì kòngzhì jīchuáng, shì yì zhǒng zhuāngyǒu chéngxù kòngzhì
数控 机床是指数字控制 机床，是一种 装有 程序 控制
xìtǒng de zìdònghuà jīchuáng, dàibiǎole xiàndài jīchuáng kòngzhì jìshù de fāzhǎn fāngxiàng.
系统的自动化 机床，代表了现代 机床 控制技术的发展 方向。

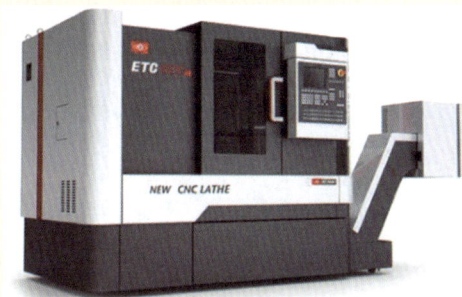

译文 yìwén Text in English

CNC machine tools refer to Computer Numerical Control machine tools, which are a kind of automated machine tools equipped with program control systems. They represent the direction of development of modern machine tool control technology.

普通词语 pǔtōng cíyǔ General Vocabulary 🎧 02-05

1.	数字	shùzì	n.	number
2.	控制	kòngzhì	v.	control
3.	装有	zhuāngyǒu	phr.	be equipped with
4.	程序	chéngxù	n.	program
5.	系统	xìtǒng	n.	system
6.	代表	dàibiǎo	v.	represent
7.	现代	xiàndài	n.	modern times
8.	发展	fāzhǎn	v.	develop
9.	方向	fāngxiàng	n.	direction

专业词语 zhuānyè cíyǔ Specialized Vocabulary 🎧 02-06

1.	数控机床	shùkòng jīchuáng	phr.	CNC machine tool
	数控	shùkòng	adj.	of numerical control
2.	自动化	zìdònghuà	v.	automate, automatize

三、视听说　shì-tīng-shuō　Viewing, Listening and Speaking

观看介绍普通机床和数控机床区别的视频，将两种机床与对应的特性连线，并说说它们的区别。**Watch the video introducing the difference between ordinary machine tools and CNC machine tools, and connect the two machine tools to their corresponding characteristics, and talk about their differences.**

pǔtōng jīchuáng hé shùkòng jīchuáng de qūbié
普通 机床和数控 机床的区别
Difference Between Ordinary Machine Tools and CNC Machine Tools

pǔtōng jīchuáng
❶ 普通 机床
ordinary machine tool

shùkòng jīchuáng
❷ 数控 机床
CNC machine tool

shùkòng chéngxù biànsù
A. 数控 程序 变速
NC programs are used to change speed

jiāgōng jīngdù dī
B. 加工 精度低
low machining precision

diànjī dàidòng pídài
C. 电机 带动 皮带
a motor is used to drive the belt

chǐlún biànsù
D. 齿轮 变速
gears are used to change speed

jiāgōng jīngdù gāo
E. 加工 精度高
high machining precision

zìdòng jiāgōng língjiàn
F. 自动 加工 零件
automated machining of parts

四、学以致用　xuéyǐzhìyòng　Practicing What You Have Learnt

观看介绍普通机床的种类和作用的视频，并根据实际需要选择合适的机床。**Watch the video introducing the types and functions of ordinary machine tools and choose the appropriate machine tools according to the actual needs.**

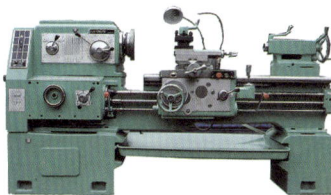

pǔtōng jīchuáng de zhǒnglèi hé zuòyòng
普通 机床的种类和作用
Types and Functions of Ordinary Machine Tools

chēchuáng
A. 车床
lathe

xǐchuáng
B. 铣床
milling machine

zuànchuáng
C. 钻床
drilling machine

móchuáng
D. 磨床
grinding machine

zài gōngjiàn shang jiāgōng kǒng
❶ 在工件 上 加工孔 _____
machining holes in the workpiece

jiāgōng gǔnhuā
❷ 加工 滚花_____
machining knurling

jiāgōng gōucáo
❸ 加工沟槽_____
machining grooves

duì gōngjiàn biǎomiàn jìnxíng móxiāo
❹ 对 工件 表面 进行 磨削_____
grinding the workpiece surface

五、小知识　xiǎo zhīshi　Tips

Chējiān li de shùkòng jīchuáng bāokuò shùkòng chēchuáng、shùkòng xǐchuáng hé jiāgōng
车间里的数控 机床 包括 数控 车床、数控 铣床 和加工

zhōngxīn.
中心。

The CNC machine tools in a workshop include CNC lathes, CNC milling machines and machining centers.

shùkòng chēchuáng 数控 车床 CNC lathe	shùkòng xǐchuáng 数控 铣床 CNC milling machine	jiāgōng zhōngxīn 加工 中心 machining center

第二部分　Part 2
汉字　*Chinese Characters*

一、汉字知识　Hànzì zhīshi　Knowledge about Chinese Characters

1. 汉字的笔画（2）Strokes of Chinese characters (2)

笔画 Strokes	名称 Names	例字 Examples
、	点 diǎn	六
㇕	横折 héngzhé	口、日、五
ㄴ	竖折 shùzhé	山
ㄥ	撇折 piězhé	厶

2. 汉字的笔顺（2）Stroke orders of Chinese characters (2)

规则 Rules	例字 Examples	笔顺 Stroke orders
先上后下 Upper strokes before lower strokes	三	一 二 三
先左后右 Left-side strokes before right-side strokes	人	丿 人

二、汉字认读与书写　Hànzì rèndú yǔ shūxiě　The Recognition and Writing of Chinese Characters

认读下列词语，并试着读写构成词语的汉字。**Recognize the following words, and try to read and write the Chinese characters forming these words.**

普通机床　　数控机床　　自动化

普			通			机			床		
数			控			机			床		
自			动			化					

第三部分　Part 3

日常用语 *Daily Expressions*

❶ 最近怎么样？　Zuìjìn zěnmeyàng? How are you doing these days?
❷ 认识您很高兴。Rènshi nín hěn gāoxìng. Nice to meet you.

第四部分　Part 4

单元实训 *Unit Practical Training*

常用机床的名称和作用
Names and Functions of Common Machine Tools

实训目的 Training purpose

通过本次实训，学生能够了解常用机床的名称和作用。

Through this practical training, the students are able to understand the names and functions of common machine tools.

实训组织 Training organization

每组 6 人，其中一人为主持人，一人为记分员。

Six students in each group, with one as the host and another one as the scorekeeper.

实训步骤 Training steps

❶ 主持人讲解小组竞赛规则，宣布图片抢答活动开始。

The host explains the group competition rules and announces the beginning of the quick response activity.

❷ 按图片抢答：主持人用电脑随机播放 PPT 图片，小组成员抢答，记分员根据主持人的提示进行计分。主持人根据最终得分宣布获胜者。

Quick response according to the pictures: The host randomly shows PPT pictures using a computer, and the group members rush to answer. The scorekeeper keeps the scores according to the host's cues, and the host announces the winner based on the final scores.

❸ 学生在课堂上完成练习以后进入车间，根据所学内容找到相应机床。

After completing the practice in class, the students enter the workshop, and find the corresponding machine tools based on what they have learned.

❹ 每个小组选出一名代表向全班介绍一种机床的作用。

Each group chooses a representative to introduce the functions of one machine tool to the class.

❺ 教师点评。

The teacher comments.

第五部分　Part 5　单元小结 Unit Summary

普通词语　General Vocabulary

cíyǔ
词语
Vocabulary

1.	指	zhǐ	v.	refer to
2.	较	jiào	adv.	relatively, comparatively
3.	细	xì	adj.	fine
4.	需	xū	v.	need
5.	最终	zuìzhōng	n.	final
6.	加工	jiā//gōng	v.	process
7.	数字	shùzì	n.	number
8.	控制	kòngzhì	v.	control
9.	装有	zhuāngyǒu	phr.	be equipped with
10.	程序	chéngxù	n.	program
11.	系统	xìtǒng	n.	system
12.	代表	dàibiǎo	v.	represent
13.	现代	xiàndài	n.	modern times
14.	发展	fāzhǎn	v.	develop
15.	方向	fāngxiàng	n.	direction

专业词语　Specialized Vocabulary

1.	机床	jīchuáng	n.	machine tool
2.	精度	jīngdù	n.	accuracy
3.	粗糙度	cūcāodù	n.	roughness
4.	切削	qiēxiāo	v.	cut
5.	数控机床	shùkòng jīchuáng	phr.	CNC machine tool
	数控	shùkòng	adj.	of numerical control
6.	自动化	zìdònghuà	v.	automate, automatize

	补充专业词语	Supplementary Specialized Vocabulary		
	1. 磨床	móchuáng	n.	grinding machine
	2. 数控车床	shùkòng chēchuáng	phr.	CNC lathe
	3. 数控钻床	shùkòng zuànchuáng	phr.	CNC drilling machine
cíyǔ 词语 Vocabulary	4. 数控磨床	shùkòng móchuáng	phr.	CNC grinding machine
	5. 数控铣床	shùkòng xǐchuáng	phr.	CNC milling machine
	6. 电机	diànjī	n.	electric machinery
	7. 齿轮	chǐlún	n.	gear
	8. 滚花	gǔnhuā	n.	knurling
	9. 沟槽	gōucáo	n.	groove

jùzi 句子 Sentences

1. 机床是指制造机器的机器。
2. 精度要求较高和表面粗糙度要求较细的零件，一般都需在机床上用切削的方法进行最终加工。
3. 数控机床是指数字控制机床，是一种装有程序控制系统的自动化机床，代表了现代机床控制技术的发展方向。

Zuànchuáng de jiégòu
钻床 的结构
Structure of Drilling Machines

táishì zuànchuáng
台式 钻床
Bench Drilling Machine

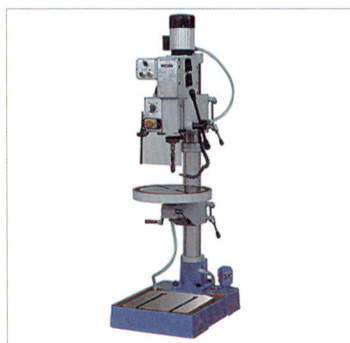

lìshì zuànchuáng
立式 钻床
Vertical Drilling Machine

zuànchuáng de zhǒnglèi
钻床 的种类
Types of Drilling Machines

yáobì zuànchuáng
摇臂 钻床
Radial Drilling Machine

shùkòng zuànchuáng
数控 钻床
CNC Drilling Machine

题解　Introduction

1. 学习内容：常用钻床的结构和作用、钻床的保养和维护。

   Learning content: The structure and functions of common drilling machines, and the upkeep and maintenance of drilling machines

2. 知识目标：掌握与钻床结构相关的关键词，了解汉字的笔画"⟍""J""J""乚"和笔顺"先中间后两边、先外边后里边"，学写相关汉字。

   Knowledge objectives: To master the keywords related to the structure of drilling machines, learn the strokes "⟍", "J", "J", "乚", and the stroke orders "strokes in the middle before those on both sides, outside strokes before inside strokes" of Chinese characters, and write the related characters

3. 技能目标：能够根据生产需要选择合适的孔加工刀具。

   Skill objective: To be able to choose appropriate hole machining tools based on production needs

第一部分　Part 1

课文　Texts

一、热身　rèshēn　Warm-up

1. 给词语选择对应的图片。**Choose the corresponding picture for each word.**

A.

B.

C.

D.

huōkǒng
❶ 锪孔 ＿＿＿＿＿＿＿＿
countersink

shǒubǐng
❷ 手柄 ＿＿＿＿＿＿＿＿
handle

zuànjiātóu
❸ 钻夹头＿＿＿＿＿＿＿＿
drill chuck

zuàntóu
❹ 钻头 ＿＿＿＿＿＿＿＿
drill bit

2. 观看介绍钻床种类的视频，将图片与名称连线。**Watch the video introducing types of drilling machines, and connect the pictures to the names.**

①

yáobì zuànchuáng
A. 摇臂 钻床
radial drilling machine

②

shùkòng zuànchuáng
B. 数控 钻床
CNC drilling machine

③

lìshì zuànchuáng
C. 立式 钻床
vertical drilling machine

④

táishì zuànchuáng
D. 台式 钻床
bench drilling machine

二、课文　kèwén　Texts

A 🎧 03-01

Zuànchuáng zhǐ zhǔyào yòng zuàntóu zài gōngjiàn shang jiāgōng kǒng de jīchuáng. Zuànchuáng
钻床　指主要用钻头在工件上加工孔的机床。钻床

de zhǔyào zuòyòng shì kǒng jiāgōng,　zài jīxiè zhìzào gōngyì zhōng, kǒng jiāgōng shì hěn zhòngyào
的主要作用是孔加工，在机械制造工艺中，孔加工是很重要

de yì zhǒng gōngzuò.
的一种工作。

译文 yìwén Text in English

A drilling machine refers to the machine tool that mainly uses drill bits to machine holes in the workpiece. The main function of a drilling machine is hole machining, which is a very important job in mechanical manufacturing process.

普通词语 pǔtōng cíyǔ General Vocabulary 🎧 03-02

1.	工艺	gōngyì	n.	technology
2.	重要	zhòngyào	adj.	important

专业词语 zhuānyè cíyǔ Specialized Vocabulary 🎧 03-03

1.	钻床	zuànchuáng	n.	drilling machine
2.	钻头	zuàntóu	n.	drill bit
3.	孔	kǒng	n.	hole
4.	孔加工	kǒng jiāgōng	phr.	hole machining

B 🎧03-04

Zuànchuáng yóu zhàoqiào、 diàndòngjī、 jìnjǐ shǒubǐng、 zuānjiātóu、 lìzhù、 gōngzuòtái、
钻床　由罩壳、电动机、进给手柄、钻夹头、立柱、工作台、

dǐzuò děng zǔchéng. Qízhōng zhòngyào de zǔchéng bùfen shì diàndòngjī, diàndòngjī de zuòyòng shì
底座等组成。其中　重要的组成部分是电动机，电动机的作用是

bǎ diànnéng zhuǎnhuàn chéng jīxiènéng, wèi zhěnggè shèbèi tígōng dònglì.
把电能　转换　成机械能，为整个设备提供动力。

译文 yìwén Text in English

The drilling machine is composed of housing, motor, feed handle, drill chuck, upright column, worktable, base, etc. Among them, the important component is the motor, whose role is to convert electric energy into mechanical energy to provide power for the whole equipment.

普通词语 pǔtōng cíyǔ General Vocabulary 🎧03-05

1.	组成	zǔchéng	v.	make up, compose
2.	其中	qízhōng	n.	inside, among
3.	电能	diànnéng	n.	electric energy
4.	转换	zhuǎnhuàn	v.	convert, transform
5.	成	chéng	v.	become
6.	机械能	jīxiènéng	n.	mechanical energy
7.	为	wèi	prep.	for
8.	整个	zhěnggè	adj.	whole
9.	提供	tígōng	v.	provide
10.	动力	dònglì	n.	power, impetus

专业词语 zhuānyè cíyǔ Specialized Vocabulary 🎧03-06

1.	罩壳	zhàoqiào	n.	housing, shell
2.	电动机	diàndòngjī	n.	motor

3.	进给手柄	jìnjǐ shǒubǐng	phr.	feed handle
	进给	jìnjǐ	v.	feed
	手柄	shǒubǐng	n.	handle
4.	钻夹头	zuànjiātóu	n.	drill chuck
5.	立柱	lìzhù	n.	upright column
6.	底座	dǐzuò	n.	base

三、视听说　shì-tīng-shuō　Viewing, Listening and Speaking

观看介绍钻床主要结构的视频，将部件名称和图片上指出的部件相匹配，并模仿说出台式钻床的主要部件。**Watch the video introducing the main structure of a drilling machine, match the part names with the parts indicated in the picture, and talk about the main parts of a bench drilling machine following the video.**

zuànchuáng de zhǔyào jiégòu
钻床　的主要结构
Main Structure of a Drilling Machine

dǐzuò
A. 底座
base

gōngzuòtái
B. 工作台
worktable

zhàoqiào
C. 罩壳
housing

shǒubǐng
D. 手柄
handle

diàndòngjī
E. 电动机
motor

zuànjiātóu
F. 钻夹头
drill chuck

lìzhù
G. 立柱
upright column

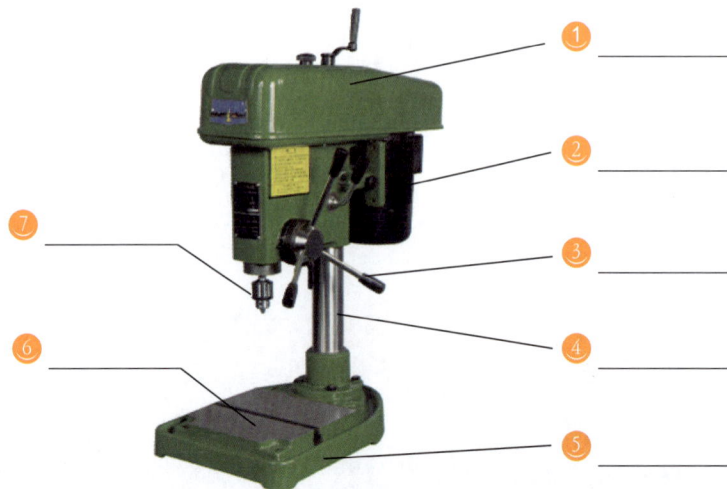

四、学以致用　xuéyǐzhìyòng　Practicing What You Have Learnt

观看介绍钻床孔加工刀具的视频，并根据需要选择合适的刀具。**Watch the video introducing different hole machining tools for drilling machines and choose the right tools according to the actual needs.**

zuànchuáng kǒng jiāgōng dāojù
钻床　孔加工刀具
Hole Machining Tools for Drilling Machines

máhuāzuàn
A. 麻花钻
twist drill

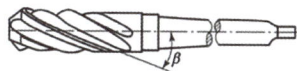

kuòkǒngzuàn
B. 扩孔钻
reamer

jiǎodāo
C. 铰刀
broach

sīzhuī
D. 丝锥
tap

jiǎokǒng yòng dāojù
① 铰孔　用刀具＿＿＿＿＿＿＿＿
tool for broaching

gōng luówén yòng dāojù
② 攻螺纹　用刀具＿＿＿＿＿＿＿＿
tool for tapping

kuòkǒng yòng dāojù
③ 扩孔　用刀具＿＿＿＿＿＿＿＿
tool for expanding holes

zuànkǒng yòng dāojù
④ 钻孔　用刀具＿＿＿＿＿＿＿＿
tool for drilling holes

五、小知识　xiǎo zhīshi　Tips

Kǒng jiāgōng dāojù zhǒnglèi hěn duō,　yìbān kě fēnwéi liǎng dà lèi:　yí lèi shì zài shítǐ
孔加工刀具种类很多，一般可分为两大类：一类是在实体

cáiliào shang jìnxíng kǒng jiāgōng de dāojù,　rú máhuāzuàn、biǎnzuàn děng;　yí lèi shì duì gōngjiàn
材料上进行孔加工的刀具，如麻花钻、扁钻等；一类是对工件

shang yǐ yǒu kǒng jìnxíng zài jiāgōng de dāojù,　rú kuòkǒngzuàn、huōzuàn děng.
上已有孔进行再加工的刀具，如扩孔钻、锪钻等。

There are many kinds of hole machining tools, which can generally be divided into two categories: one is used for hole machining in solid materials, such as twist drills, flat drills, etc.; the other is used for re-machining existing holes in the workpiece, such as reamers, countersinks, etc.

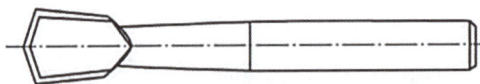

biǎnzuàn
扁钻
flat drill

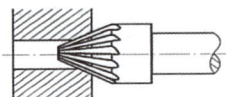

huōzuàn
惚钻
countersink

第二部分　Part 2

汉字 *Chinese Characters*

一、汉字知识　Hànzì zhīshi　Knowledge about Chinese Characters

1. 汉字的笔画（3）　**Strokes of Chinese characters (3)**

笔画 Strokes	名称 Names	例字 Examples
⼀	横钩 hénggōu	买
⼅	竖钩 shùgōu	小
⼄	弯钩 wāngōu	子
⼃	竖弯钩 shùwāngōu	七

2. 汉字的笔顺（3）　**Stroke orders of Chinese characters (3)**

规则 Rules	例字 Examples	笔顺 Stroke orders
先中间后两边 Strokes in the middle before those on both sides	小	⼅ 小 小
先外边后里边 Outside strokes before inside strokes	问	丶 冂 冂 冋 问 问

二、汉字认读与书写 *Hànzì rèndú yǔ shūxiě* **The Recognition and Writing of Chinese Characters**

认读下列词语，并试着读写构成词语的汉字。**Recognize the following words, and try to read and write the Chinese characters forming these words.**

电动机　　手柄　　立柱　　底座

电			动			机				
手			柄			立			柱	
底			座							

第三部分　Part 3

日常用语 *Daily Expressions*

❶ 我来介绍一下儿，这位是李伟先生。Wǒ lái jièshào yíxiàr, zhè wèi shì Lǐ Wěi xiānsheng. Let me make an introduction. This is Mr. Li Wei.

❷ 请问，南京饭店在哪儿？Qǐngwèn, Nánjīng fàndiàn zài nǎr? Excuse me, where's Nanjing Hotel?

第四部分　Part 4

单元实训 *Unit Practical Training*

钻床的结构和作用
Structure and Functions of Drilling Machines

实训目的 Training purpose

通过本次实训，学生能够了解常用钻床的结构和作用。

Through this practical training, the students are able to understand the structure and functions of common drilling machines.

实训组织 Training organization

每组 6 人，其中一人为主持人，一人为记分员。

Six students in each group, with one as the host and another one as the scorekeeper.

实训步骤 Training steps

❶ 主持人讲解小组竞赛规则。

The host explains the group competition rules.

❷ 挂卡片比赛：主持人给小组成员分发卡片，上面写有钻床的部件名称，白板上挂有钻床的图片，主持人宣布开始后，小组成员走向钻床图片粘贴名称卡片，记分员根据主持人的提示进行计分。主持人根据最终得分宣布获胜者。

Cards hanging competition: The host gives out cards to the group members, on which the names of the drilling machine parts are written, and a picture of a drilling machine is hung on the whiteboard. After the host announces the beginning, the group members go to the picture of the drilling machine and paste the name cards, the scorekeeper keeps the scores according to the host's cues, and the host announces the winner based on the final scores.

❸ 学生在课堂上完成练习以后进入车间，根据所学内容认识钻床结构，并在断电情况下操纵手柄，移动工作台。

After completing the practice in class, the students enter the workshop, understand the structure of drilling machines based on what they have learned, and operate the handle to move the worktable under the circumstance that power supply is cut off.

❹ 每个小组选出一名代表向全班介绍钻床的作用。

Each group chooses a representative to introduce the functions of drilling machines to the class.

❺ 教师点评。

The teacher comments.

第五部分　Part 5

单元小结　*Unit Summary*

cíyǔ
词语
Vocabulary

普通词语　General Vocabulary

1.	工艺	gōngyì	n.	technology
2.	重要	zhòngyào	adj.	important
3.	组成	zǔchéng	v.	make up, compose
4.	其中	qízhōng	n.	inside, among
5.	电能	diànnéng	n.	electric energy
6.	转换	zhuǎnhuàn	v.	convert, transform
7.	成	chéng	v.	become
8.	机械能	jīxiènéng	n.	mechanical energy
9.	为	wèi	prep.	for
10.	整个	zhěnggè	adj.	whole
11.	提供	tígōng	v.	provide
12.	动力	dònglì	n.	power, impetus

专业词语　Specialized Vocabulary

1.	钻床	zuànchuáng	n.	drilling machine
2.	钻头	zuàntóu	n.	drill bit
3.	孔	kǒng	n.	hole
4.	孔加工	kǒng jiāgōng	phr.	hole machining
5.	罩壳	zhàoqiào	n.	housing, shell

6.	电动机	diàndòngjī	n.	motor
7.	进给手柄	jìnjǐ shǒubǐng	phr.	feed handle
	进给	jìnjǐ	v.	feed
	手柄	shǒubǐng	n.	handle
8.	钻夹头	zuànjiātóu	n.	drill chuck
9.	立柱	lìzhù	n.	upright column
10.	底座	dǐzuò	n.	base

补充专业词语 Supplementary Specialized Vocabulary

1.	横梁	héngliáng	n.	beam
2.	支撑	zhīchēng	v.	support
3.	扩孔钻	kuòkǒngzuàn	n.	reamer
4.	铰刀	jiǎodāo	n.	broach
5.	丝锥	sīzhuī	n.	tap

**cíyǔ
词语
Vocabulary**

**jùzi
句子
Sentences**

1. 钻床指主要用钻头在工件上加工孔的机床。
2. 钻床的主要作用是孔加工。
3. 钻床最重要的组成部分是电动机。
4. 电动机的作用是把电能转换成机械能，为整个设备提供动力。

Zuànchuáng de shǐyòng
钻床的使用
Use of Drilling Machines

zuànchuáng de cāozuò bùzhòu
钻床 的操作步骤
Operating Steps of a Drilling Machine

xuǎnzé héshì de zuàntóu
选择合适的钻头
Choose a Suitable Drill Bit

jiāng huàhǎo xiàn de gōngjiàn gùdìng
将 画好 线的 工件 固定
Fix the Scribed Workpiece

cāozuò jìnjǐ shǒubǐng kāishǐ zuànkǒng
操作进给 手柄 开始 钻孔
Operate the Feed Handle to Start Drilling

jiāng zuàntóu jiājǐn zài zuànjiātóu zhōng
将 钻头 夹紧 在钻夹头 中
Clamp the Drill Bit Tightly in the Drill Chuck

ànxià lǜsè ànniǔ, zhǔzhóu xuánzhuǎn
按下绿色按钮，主轴 旋转
Press the Green Button to Rotate the Spindle

ànxià hóngsè ànniǔ, zhǔzhóu tíngzhǐ zhuàndòng,
按下红色按钮，主轴 停止 转动，
wánchéng jiāgōng
完成 加工
Press the Red Button to Stop the Rotation of
the Spindle and Complete the Machining

题解　Introduction

1. 学习内容：钻床的使用方法及注意事项。
   Learning content: The usage and precautions of drilling machines

2. 知识目标：掌握与钻床使用方法相关的关键词，了解汉字的笔画"㇒""㇀""乚""乀"和笔顺"先外后里再封口"，学写相关汉字。
   Knowledge objectives: To master the keywords related to the usage of drilling machines, learn the strokes "㇒", "㇀", "乚", "乀", and the stroke orders "outside strokes before inside strokes, and then sealing strokes" of Chinese characters, and write the related characters

3. 技能目标：能够装夹工件并独立操作钻床。
   Skill objective: To be able to clamp workpieces and operate a drilling machine independently

第一部分　Part 1

课文　Texts

一、热身　rèshēn　Warm-up

1. 给词语选择对应的图片。**Choose the corresponding picture for each word.**

A.

B.

C.

D.

jiǎodāo
① 铰刀 ＿＿＿＿＿＿＿＿＿
broach

pēnxīzuàn
② 喷吸钻 ＿＿＿＿＿＿＿＿＿
ejector drill

huōzuàn
③ 锪钻 ＿＿＿＿＿＿＿＿＿
countersink

máhuāzuàn
④ 麻花钻 ＿＿＿＿＿＿＿＿＿
twist drill

2. 观看介绍钻床装夹工件方法的视频，将图片与文字描述连线。**Watch the video introducing the methods of workpiece clamping on a drilling machine and connect the pictures to the text description.**

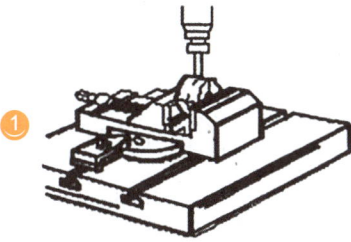

①

yòng jiājù jiāchí
A. 用 夹具夹持
   clamp with a fixture

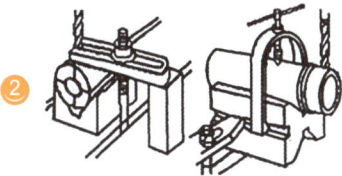

②

yòng yābǎn jiāchí
B. 用 压板夹持
   clamp with a pressing plate

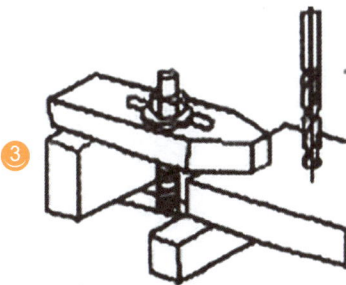

③

yòng píngkǒuqián jiāchí
C. 用 平口钳 夹持
   clamp with flat pliers

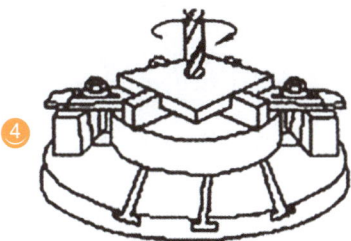

④

yòng V-xíngjià jiāchí
D. 用 V型架夹持
   clamp with a V-shaped frame

二、课文　kèwén　Texts

A 🎧 04-01

Zuànchuáng yìbān yòngyú jiāgōng zhíjìng bú dà、 jīngdù yāoqiú bù gāo de kǒng. Lìyòng bù tóng

钻床　　一般用于加工直径不大、精度要求不高的孔。利用不同

de dāojù kěyǐ wánchéng zuànkǒng、kuòkǒng、jiǎokǒng děng duō zhǒng xíngshì de kǒng jiāgōng.

的刀具可以完成　钻孔、扩孔、铰孔 等 多 种 形 式 的 孔 加 工。

译文 yìwén Text in English

Drilling machines are generally used to machine holes with small diameter and low precision. Different drilling tools can be adopted to carry out various forms of hole machining, such as drilling, reaming, and broaching holes.

普通词语 pǔtōng cíyǔ General Vocabulary 🎧 04-02

1.	用于	yòngyú	phr.	be used
2.	直径	zhíjìng	n.	diameter
3.	利用	lìyòng	v.	utilize
4.	不同	bù tóng	phr.	different
5.	形式	xíngshì	n.	form

专业词语 zhuānyè cíyǔ Specialized Vocabulary 🎧 04-03

1.	刀具	dāojù	n.	cutter, tool
2.	钻孔	zuàn//kǒng	v.	drill a hole
3.	扩孔	kuò//kǒng	v.	ream a hole
4.	铰孔	jiǎo//kǒng	v.	broach a hole

B 🎧 04-04

Shǐyòng zuànchuáng qián, yīng duì shèbèi、 gōngjù、 jiājù děng jìnxíng quánmiàn jiǎnchá,
使用 钻床 前，应对设备、工具、夹具等进行 全面 检查，

quèrèn wúwù hòu, fāng kě shǐyòng. Gōngzuò jiéshù hòu, jíshí guānbì diànyuán, qīnglǐ jīchuáng、
确认无误后，方可使用。工作 结束后，及时关闭 电源，清理机床、

gōngjù、 liángjù, jíshí bǎoyǎng shèbèi.
工具、量具，及时保养 设备。

译文 yìwén Text in English

Before using the drilling machine, check the equipment, tools, fixtures, etc. comprehensively and use them only after confirmation. After the work, turn off the power supply in time, clean up the machine tool, tools and measuring tools, and maintain the equipment in time.

普通词语 pǔtōng cíyǔ General Vocabulary 🎧 04-05

1.	应	yīng	aux.	should
2.	对	duì	prep.	to
3.	全面	quánmiàn	adj.	comprehensive, overall
4.	确认	quèrèn	v.	confirm
5.	无误	wúwù	v.	be unmistakable
6.	方	fāng	adv.	just, only
7.	可	kě	aux.	may, can
8.	结束	jiéshù	v.	end
9.	及时	jíshí	adj.	timely
10.	关闭	guānbì	v.	close, shut
11.	电源	diànyuán	n.	power supply
12.	清理	qīnglǐ	v.	sort out, clear up
13.	保养	bǎoyǎng	v.	maintain

专业词语 zhuānyè cíyǔ Specialized Vocabulary 🎧 04-06

1.	夹具	jiājù	n.	fixture
2.	量具	liàngjù	n.	measuring tool

三、视听说 shì-tīng-shuō Viewing, Listening and Speaking

观看介绍钻床操作步骤的视频，按照正确顺序将下列操作排序。**Watch the video introducing the operating steps of a drilling machine and arrange the following operations in correct order.**

zuànchuáng de cāozuò bùzhòu
钻床 的操作 步骤
Operating Steps of a Drilling Machine

àn lùsè ànniǔ, zhǔzhóu xuánzhuǎn
A. 按绿色按钮，主轴 旋转
press the green button to rotate the spindle

shǒudòng jìnjǐ, kāishǐ zuànkǒng
B. 手动 进给，开始 钻孔
feed manually to start drilling

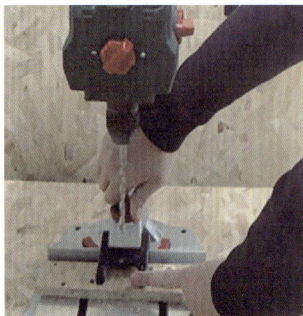

gùdìng huàhǎo xiàn de gōngjiàn
C. 固定 画好 线的 工件
fix the scribed workpiece

xuǎnzé héshì de zuàntóu
D. 选择 合适的 钻头
select an appropriate drill bit

àn hóngsè ànniǔ, tíngzhǐ zhuàndòng
E. 按 红色 按钮，停止 转动

press the red button to stop the rotation

jiājǐn zuàntóu
F. 夹紧钻头

clamp the drill bit tightly

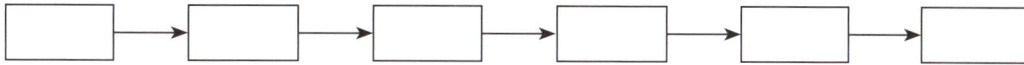

四、学以致用　xuéyǐzhìyòng　*Practicing What You Have Learnt*

观看介绍钻床孔加工过程的视频，并根据需要选择合适的孔加工刀具。**Watch the video introducing the hole machining process of drilling machines and choose the appropriate hole machining tools according to the actual needs.**

A.

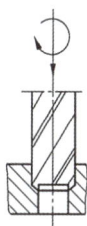
B.

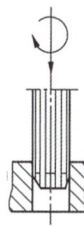
C.

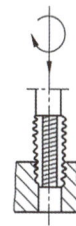
D.

jiǎokǒng
① 铰孔 ＿＿＿＿＿＿＿＿＿
broaching

gōng luówén
② 攻 螺纹 ＿＿＿＿＿＿＿＿＿
tapping

kuòkǒng
③ 扩孔 ＿＿＿＿＿＿＿＿＿
reaming

zuànkǒng
④ 钻孔 ＿＿＿＿＿＿＿＿＿
drilling

五、小知识　xiǎo zhīshi　Tips

Cāozuò zuànchuáng shí yào zhùyì:　bùkě dài shǒutào,　xiùkǒu bìxū zājǐn,　bìxū dài

操作　钻床　时要注意：不可戴手套，袖口必须扎紧，必须戴

ānquán yǎnjìng,　nǚshēng zāqǐ chángfà,　dài gōngzuòmào,　bùkě pèidài shǒubiǎo、xiàngliàn děng.

安全眼镜，女生扎起长发，戴工作帽，不可佩戴手表、项链 等。

Notes for operating a drilling machine: Do not wear gloves, and the cuffs must be tied tightly. Safety glasses must be worn, girls' long hair must be tied up, work caps must be worn, and watches, necklaces, etc. are not allowed to be worn.

bùkě dài shǒutào 不可戴 手套 no gloves	pèidài ānquánmào 佩戴 安全帽 wear safety helmet	pèidài ānquán yǎnjìng 佩戴 安全 眼镜 wear safety glasses

第二部分　Part 2

汉字　*Chinese Characters*

一、汉字知识　Hànzì zhīshi　Knowledge about Chinese Characters

1. 汉字的笔画（4）Strokes of Chinese characters (4)

笔画 Strokes	名称 Names	例字 Examples
㇀	提 tí	习
㇗	竖提 shùtí	衣
㇆	横折提 héngzhétí	语
㇈	撇点 piēdiǎn	女

2. 汉字的笔顺（4）Stroke orders of Chinese characters (4)

规则 Rule	例字 Examples	笔顺 Stroke orders
先外后里再封口 Outside strokes before inside strokes, and then sealing strokes	国 日	丨 冂 冂 冃 冃 国 国 国 丨 冂 月 日

二、汉字认读与书写　*Hànzì rèndú yǔ shūxiě*　The Recognition and Writing of Chinese Characters

认读下列词语，并试着读写构成词语的汉字。**Recognize the following words, and try to read and write the Chinese characters forming these words.**

进给　　夹紧　　固定

进			给			夹			紧		
固			定								

第三部分　Part 3
日常用语 *Daily Expressions*

① 我们机场见。Wǒmen jīchǎng jiàn. See you at the airport.

② 我们电话 / 邮件联系。Wǒmen diànhuà/yóujiàn liánxì. Let's contact by phone/e-mail.

③ 下星期一到北京的航班还有票吗？ Xià xīngqīyī dào Běijīng de hángbān hái yǒu piào ma?
Are there any tickets available for next Monday's flight to Beijing?

第四部分　Part 4
单元实训 *Unit Practical Training*

钻床的使用
Use of Drilling Machines

实训目的 Training purpose

通过本次实训，学生能够掌握钻床上工件的装夹和钻床的操作，了解钻床操作的注意事项和紧急情况的处理方式。

Through this practical training, the students are able to master the workpiece clamping on the drilling machine and drilling machine operation, and understand the precautions for the drilling machine operation and the methods of handling emergencies.

实训组织 Training organization

每组 6 人，其中一人为主持人，一人为记分员。

Six students in each group, with one as the host and another one as the scorekeeper.

实训步骤 Training steps

① 教师通过视频介绍工件装夹的步骤和钻床的基本操作步骤，并介绍紧急情况的处理方式。
The teacher introduces the steps of workpiece clamping and the basic operating steps of drilling machines through videos, and introduces the methods of handling emergencies.

② 学生完成课堂学习以后进入车间，每组选择一个钻床，在教师的指导下，轮流完成工件的装夹、钻床操作的完整流程。教师及时给学生指导并纠正。

After completing the learning in class, the students enter the workshop, and each group selects a drilling machine. Under the guidance of the teacher, they take turns to complete the whole process of workpiece clamping and drilling machine operation. The teacher provides guidance and correction for the students in time.

③ 每个小组总结出在实际操作中应注意的事项，以及紧急情况的处理方式，并向全班做总结汇报。

Each group sums up the precautions during the practical operation and the methods of handling emergencies, and makes a summary report to the class.

④ 教师点评。

The teacher comments.

第五部分　Part 5

单元小结　Unit Summary

词语
cíyǔ
词语
Vocabulary

普通词语　General Vocabulary

1.	用于	yòngyú	phr.	be used
2.	直径	zhíjìng	n.	diameter
3.	利用	lìyòng	v.	utilize
4.	不同	bù tóng	phr.	different
5.	形式	xíngshì	n.	form
6.	应	yīng	aux.	should
7.	对	duì	prep.	to
8.	全面	quánmiàn	adj.	comprehensive, overall
9.	确认	quèrèn	v.	confirm
10.	无误	wúwù	v.	be unmistakable
11.	方	fāng	adv.	just, only
12.	可	kě	aux.	may, can
13.	结束	jiéshù	v.	end
14.	及时	jíshí	adj.	timely
15.	关闭	guānbì	v.	close, shut
16.	电源	diànyuán	n.	power supply
17.	清理	qīnglǐ	v.	sort out, clear up
18.	保养	bǎoyǎng	v.	maintain

专业词语　Specialized Vocabulary

1.	刀具	dāojù	n.	cutter, tool
2.	钻孔	zuàn//kǒng	v.	drill a hole

3.	扩孔	kuò//kǒng	v.	ream a hole
4.	铰孔	jiǎo//kǒng	v.	broach a hole
5.	夹具	jiājù	n.	fixture
6.	量具	liángjù	n.	measuring tool

cíyǔ
词语
Vocabulary

补充专业词语　Supplementary Specialized Vocabulary

1.	按钮	ànniǔ	n.	button
2.	预加工	yù jiāgōng	phr.	preprocessing
3.	终加工	zhōng jiāgōng	phr.	final processing
4.	磨孔	mó//kǒng	v.	grind a hole
5.	精加工	jīng jiāgōng	phr.	fine machining

jùzi
句子
Sentences

1. 钻床一般用于加工直径不大、精度要求不高的孔。
2. 使用钻床前，应对设备、工具、夹具等进行全面检查，确认无误后，方可使用。

Chēchuáng de jiégòu
车床的结构
Structure of Lathes

wòshì chēchuáng
卧式 车床
Horizontal Lathe

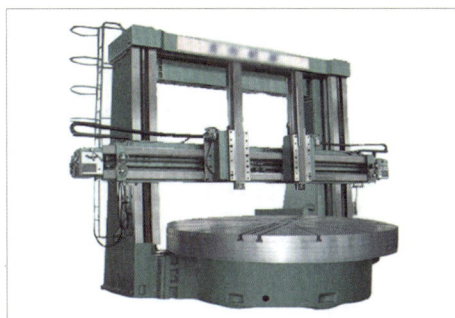

lìshì chēchuáng
立式 车床
Vertical Lathe

chēchuáng de zhǒnglèi
车床 的种类
Types of Lathes

liùjiǎo chēchuáng
六角 车床
Turret Lathe

shùkòng chēchuáng
数控 车床
CNC Lathe

题解　Introduction

1. 学习内容：车床的结构和作用、车床的保养方法。

   Learning content: The structure and functions of lathes, and the maintenance methods for lathes

2. 知识目标：掌握与车床结构相关的关键词，了解汉字的笔画 "㇏""㇏""亅""乚" 和独体结构，学写相关汉字。

   Knowledge objectives: To master the keywords related to the structure of lathes, learn the strokes "㇏", "㇏", "亅", "乚", and the independent structure of Chinese characters, and write the related characters

3. 技能目标：能够根据生产需要选择合适的车刀。

   Skill objective: To be able to choose appropriate lathe tools based on production needs

第一部分　Part 1

课文　*Texts*

一、热身　rèshēn　Warm-up

1. 给词语选择对应的图片。**Choose the corresponding picture for each word.**

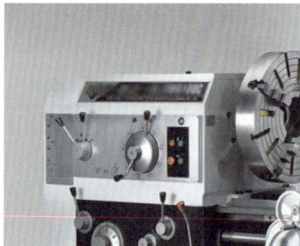

A.

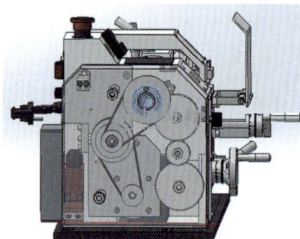

B.

C.

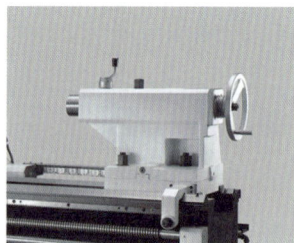

D.

guàlúnxiāng
① 挂轮箱 _____
change gear box

jìnjǐxiāng
② 进给箱 _____
feed box

wěizuò
③ 尾座_____
tailstock

zhǔzhóuxiāng
④ 主轴箱 _____
spindle box

2. 观看介绍车床种类的视频，将车床的图片与名称连线。**Watch the video introducing types of lathes and connect the pictures of the lathes to the names.**

①

②

③

④

wòshì chēchuáng
A. 卧式 车床
horizontal lathe

lìshì chēchuáng
B. 立式 车床
vertical lathe

liùjiǎo chēchuáng
C. 六角 车床
turret lathe

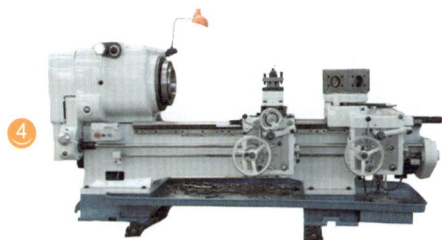

shùkòng chēchuáng
D. 数控 车床
CNC lathe

二、课文 kèwén Texts

A 🎧 05-01

Chēchuáng shì zhǔyào yòng chēdāo duì xuánzhuǎn de gōngjiàn jìnxíng chēxiāo jiāgōng de
车床 是主要 用车刀对 旋转 的工件 进行 车削 加工的

jīchuáng. Chēchuáng yóu zhǔzhóuxiāng、dāojià、 wěizuò、 jìnjǐxiāng、guānggàng、sīgàng、
机床。 车床 由 主轴箱、刀架、尾座、进给箱、光杠、丝杠、

liūbǎnxiāng、chuángshēn děng zǔchéng.
溜板箱、床身 等 组成。

译文 yìwén Text in English

A lathe is a machine tool that mainly uses lathe tools to turn rotating workpieces. The lathe is composed of spindle box, tool carrier, tailstock, feed box, feed rod, lead screw, sliding box, lathe bed, etc.

普通词语 pǔtōng cíyǔ General Vocabulary 🎧 05-02

1.	旋转	xuánzhuǎn	v.	rotate

专业词语 zhuānyè cíyǔ Specialized Vocabulary 🎧 05-03

1.	车刀	chēdāo	n.	lathe tool
2.	车削	chēxiāo	v.	turn
3.	主轴箱	zhǔzhóuxiāng	n.	spindle box
4.	刀架	dāojià	n.	tool carrier
5.	尾座	wěizuò	n.	tailstock
6.	进给箱	jìnjǐxiāng	n.	feed box
7.	光杠	guānggàng	n.	feed rod
8.	丝杠	sīgàng	n.	lead screw
9.	溜板箱	liūbǎnxiāng	n.	sliding box
10.	床身	chuángshēn	n.	lathe bed

B 🎧 05-04

Zhǔzhóuxiāng shì chēchuáng zuì zhòngyào de zǔchéng bùfen. Tā shì yònglái dàidòng chēchuáng

主轴箱 是 车床 最 重要 的 组成 部分。它是用来 带动 车床

zhǔzhóu jí qiǎpán zhuàndòng de. Biànhuàn chuángtóuxiāng wàimiàn de shǒubǐng wèizhì, kěyǐ

主轴及卡盘 转动 的。变换 床头箱 外面 的手柄 位置，可以

shǐ zhǔzhóu dédào bù tóng de zhuànsù.

使主轴 得到不同的 转速。

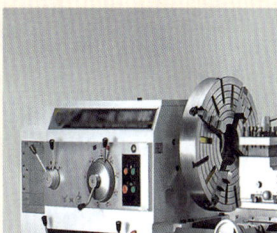

译文 yìwén Text in English

The spindle box is the most important part of a lathe, which is used to drive the spindle and chuck of the lathe to rotate. Changing the position of the handle outside the headstock can make the spindle get different rotating speeds.

普通词语 pǔtōng cíyǔ General Vocabulary 🎧 05-05

1.	最	zuì	adv.	most
2.	带动	dàidòng	v.	drive
3.	及	jí	conj.	and
4.	转动	zhuàndòng	v.	turn, rotate
5.	变换	biànhuàn	v.	alter, change
6.	外面	wàimiàn	n.	outside
7.	位置	wèizhì	n.	position
8.	使	shǐ	v.	cause
9.	得到	dé//dào	v.	get, obtain
10.	转速	zhuànsù	n.	rotating speed

专业词语 zhuānyè cíyǔ Specialized Vocabulary 🎧 05-06

1.	主轴	zhǔzhóu	n.	spindle
2.	卡盘	qiǎpán	n.	chuck
3.	床头箱	chuángtóuxiāng	n.	headstock

三、视听说　shì-tīng-shuō　Viewing, Listening and Speaking

观看介绍车床主要结构的视频，将部件名称和图片上指出的部件相匹配，并模仿说出车床的主要部件。

Watch the video introducing the main structure of a lathe, match the part names with the parts indicated in the picture, and talk about the main parts of a lathe following the video.

chēchuáng de zhǔyào jiégòu
车床 的主要结构
Main Structure of a Lathe

wěizuò A. 尾座 tailstock	dāojià B. 刀架 tool carrier	zhǔzhóuxiāng C. 主轴箱 spindle box	jìnjǐxiāng D. 进给箱 feed box
guānggàng E. 光杠 feed rod	sīgàng F. 丝杠 lead screw	liūbǎnxiāng G. 溜板箱 sliding box	chuángshēn H. 床身 lathe bed

四、学以致用　xuéyǐzhìyòng　Practicing What You Have Learnt

观看介绍车刀的种类和作用的视频，并根据实际需要选择合适的车刀。**Watch the video introducing the types and functions of lathe tools and choose the appropriate lathe tools according to the actual needs.**

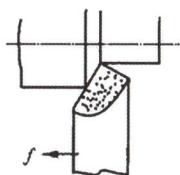

chēdāo de zhǒnglèi hé zuòyòng
车刀的种类和作用
Types and Functions of Lathe Tools

wàiyuán chēdāo
A. 外圆车刀
external turning tool

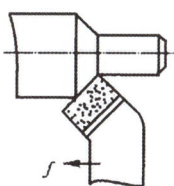

duānmiàn chēdāo
B. 端面车刀
facing tool

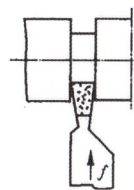

qiēduàndāo
C. 切断刀
cut-off tool

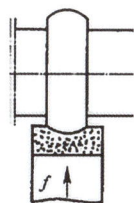

chéngxíng chēdāo
D. 成形车刀
formed turning tool

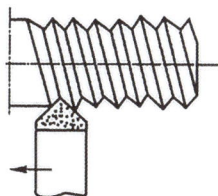

luówén chēdāo
E. 螺纹车刀
threading tool

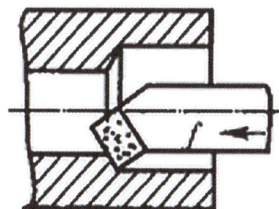

nèikǒng chēdāo
F. 内孔车刀
inner hole turning tool

chēxiāo gèzhǒng luówén
❶ 车削各种螺纹＿＿＿＿＿＿＿＿＿
turning various threads

chēxiāo gèzhǒng tèshū xíngmiàn gōngjiàn
❷ 车削各种特殊形面工件＿＿＿＿＿＿＿＿
turning various special-shaped workpieces

③ chēxiāo gōngjiàn de wàiyuán、 táijiē hé duānmiàn
车削 工件 的 外圆、台阶 和 端面 _____
turning the outer circle, step and end face of a workpiece

④ chēxiāo gōngjiàn de wàiyuán、 duānmiàn hé dǎojiǎo
车削 工件 的 外圆、端面 和 倒角 _____
turning the outer circle, end face and chamfer of a workpiece

⑤ chēxiāo gōngjiàn nèikǒng
车削 工件 内孔 _____
turning the inner hole of a workpiece

⑥ qiēduàn gōngjiàn huò qiē gōucáo
切断 工件 或 切沟槽 _____
cut off workpieces or cut grooves

五、小知识 xiǎo zhīshi Tips

Wèile bǎochí chēchuáng zhèngcháng yùnzhuǎn hé jiǎnshǎo chēchuáng mósǔn, yáncháng shǐyòng
为了 保持 车床 正常 运转 和 减少 车床 磨损，延长 使用

shòumìng, yīng duì chēchuáng de suǒyǒu mócā bùwèi jìnxíng rùnhuá, bìng zhùyì rìcháng de wéihù
寿命，应 对 车床 的 所有 摩擦 部位 进行 润滑，并 注意 日常 的 维护

hé bǎoyǎng. Zài jiāyóu rùnhuá qián, yīng yòng miánshā bǎ jiāngyào rùnhuá de biǎomiàn cājìng,
和 保养。在 加油 润滑 前，应 用 棉纱 把 将要 润滑 的 表面 擦净，

rú xià tú suǒ shì.
如 下 图 所示。

In order to maintain the normal operation and reduce the wear and tear of the lathe, and prolong its service life, all friction parts of the lathe should be lubricated and attention should be paid to daily care and maintenance. Before lubrication, the surface to be lubricated should be wiped clean with cotton gauze, as shown in the pictures below.

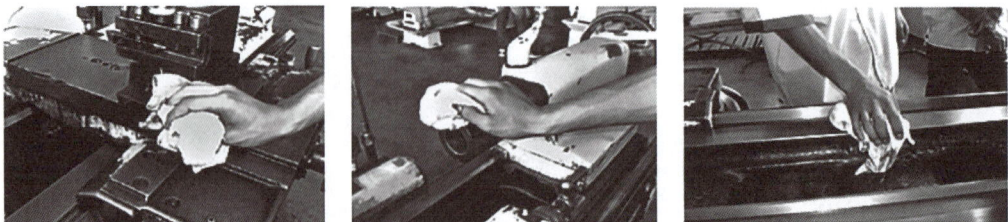

第二部分　Part 2

汉字　*Chinese Characters*

一、汉字知识　Hànzì zhīshi　Knowledge about Chinese Characters

1. 汉字的笔画（5）　Strokes of Chinese characters (5)

笔画 Strokes	名称 Names	例字 Examples
乀	斜钩 xiégōu	我
乚	卧钩 wògōu	心
乛	横折钩 héngzhégōu	问
乙	横折弯钩 héngzhéwāngōu	几

2. 汉字的结构（1）　Structures of Chinese characters (1)

结构类型 Structure type	例字 Examples	结构图示 Illustration
独体结构 Independent structure	生 不	□

二、汉字认读与书写　Hànzì rèndú yǔ shūxiě　The Recognition and Writing of Chinese Characters

认读下列词语，并试着读写构成词语的汉字。**Recognize the following words, and try to read and write the Chinese characters forming these words.**

尾座　　床身　　刀架

尾			座			床			身		
刀			架								

第三部分　Part 3

日常用语　*Daily Expressions*

❶ 我要两张 11 号到上海的火车票。Wǒ yào liǎng zhāng 11 hào dào Shànghǎi de huǒchēpiào.
I want two train tickets to Shanghai on the 11th.

❷ 我的护照和钱包都丢了。Wǒ de hùzhào hé qiánbāo dōu diū le. I've lost both my passport and wallet.

❸ 还可以便宜一些吗？Hái kěyǐ piányi yìxiē ma? Can you make it cheaper?

第四部分　Part 4

单元实训　*Unit Practical Training*

车床的结构和作用
Structure and Functions of Lathes

实训目的 Training purpose

通过本次实训，学生能够了解车床的基本结构并熟悉它的用途。

Through this practical training, the students are able to understand the basic structure of a lathe and familiarize themselves with its uses.

实训组织 Training organization

每组 6 人，其中一人为主持人，一人为记分员。

Six students in each group, with one as the host and another one as the scorekeeper.

实训步骤 Training steps

① 主持人讲解小组竞赛规则。

The host explains the group competition rules.

② 挂卡片比赛：主持人给小组成员分发卡片，上面写有车床的部件名称，白板上挂有车床的图片，主持人宣布开始后，小组成员走向车床图片粘贴名称卡片，记分员根据主持人的提示进行计分。主持人根据最终得分宣布获胜者。

Cards hanging competition: The host gives out cards to the group members, on which the names of the lathe parts are written, and a picture of a lathe is hung on the whiteboard. After the host announces the beginning, the group members go to the picture of the lathe and paste the name cards, the scorekeeper keeps the scores according to the host's cues, and the host announces the winner based on the final scores.

③ 学生在课堂上完成练习以后进入车间，根据所学内容找到车床部件。每个小组选出一名代表向全班介绍车床的作用。

After completing the practice in class, the students enter the workshop, and find the lathe parts based on what they have learned. Each group chooses a representative to introduce the functions of lathes to the class.

④ 教师点评。

The teacher comments.

第五部分　Part 5

单元小结　*Unit Summary*

<table>
<tr><td rowspan="3">cíyǔ
词语
Vocabulary</td><td colspan="4">普通词语　General Vocabulary</td></tr>
<tr><td>1.　旋转</td><td>xuánzhuǎn</td><td>v.</td><td>rotate</td></tr>
<tr><td>2.　最</td><td>zuì</td><td>adv.</td><td>most</td></tr>
</table>

3.	带动	dàidòng	v.	drive
4.	及	jí	conj.	and
5.	转动	zhuàndòng	v.	turn, rotate
6.	变换	biànhuàn	v.	alter, change
7.	外面	wàimiàn	n.	outside
8.	位置	wèizhì	n.	position
9.	使	shǐ	v.	cause
10.	得到	dé//dào	v.	get, obtain
11.	转速	zhuànsù	n.	rotating speed

专业词语　Specialized Vocabulary

1.	车刀	chēdāo	n.	lathe tool
2.	车削	chēxiāo	v.	turn
3.	主轴箱	zhǔzhóuxiāng	n.	spindle box
4.	刀架	dāojià	n.	tool carrier
5.	尾座	wěizuò	n.	tailstock
6.	进给箱	jìnjǐxiāng	n.	feed box
7.	光杠	guānggàng	n.	feed rod
8.	丝杠	sīgàng	n.	lead screw
9.	溜板箱	liūbǎnxiāng	n.	sliding box
10.	床身	chuángshēn	n.	lathe bed
11.	主轴	zhǔzhóu	n.	spindle
12.	卡盘	qiǎpán	n.	chuck
13.	床头箱	chuángtóuxiāng	n.	headstock

补充专业词语　Supplementary Specialized Vocabulary

1.	床鞍	chuáng'ān	n.	saddle
2.	滑板	huábǎn	n.	slide plate
3.	外圆	wàiyuán	n.	outer circle
4.	台阶	táijiē	n.	step
5.	端面	duānmiàn	n.	end face
6.	倒角	dǎojiǎo	n.	chamfer

cíyǔ
词语
Vocabulary

jùzi
句子
Sentences

1. 车床是主要用车刀对旋转的工件进行车削加工的机床。
2. 主轴箱是车床最重要的组成部分。
3. 变换床头箱外面的手柄位置，可以使主轴得到不同的转速。

Chēchuáng de shǐyòng
车床 的使用
Use of Lathes

chēchuáng jiāgōng de cāozuò bùzhòu
车床 加工的操作步骤
Operating Steps of Lathe Machining

kāichē duì língdiǎn, jí quèdìng chēdāo hé gōngjiàn
开车对零点，即确定 车刀和 工件
de jiēchùdiǎn, zuòwéi jiāgōng de qǐdiǎn
的接触点，作为加工的起点
Start the Lathe for Zero Setting, i.e. Determine
the Contact Point between the Turning Tool and the
Workpiece as the Starting Point of Machining

jìn qiē shēn, chēdāo héngxiàng xiàngqián, qiērù
进切深，车刀 横向 向前，切入
gōngjiàn yídìng shēndù
工件 一定深度
Feed of Depth of Cut. The Turning Tool Moves Forward
Horizontally and Cuts into the Workpiece to a Certain Depth

zǒudāo qiēxiāo
走刀切削
Start Cutting

yán jìnjǐ fǎnfāngxiàng tuìdāo
沿进给反方向 退刀
Retract the Tool in the Reverse
Direction of Feed

huǎnmàn、píngwěn、jūnyún de shǒudòng jìnjǐ
缓慢、平稳、均匀地 手动 进给
Slow, Stable and Even Manual Feed

jiāgōng wánchéng hòu tuìdāo
加工 完成 后退刀
Retract the Tool after Machining

题解 Introduction

1. 学习内容：车床上工件的安装和车床操作的基本步骤、车床操作的注意事项和紧急情况的处理方式。

   Learning content: The installation of workpieces on a lathe and the basic steps of lathe operation, the precautions for lathe operation and the methods of handling emergencies

2. 知识目标：掌握与车床操作相关的关键词，了解汉字的笔画"ㄥ""ㄅ"和品字形结构，学写相关汉字。

   Knowledge objectives: To master the keywords related to lathe operation, learn the strokes "ㄥ", "ㄅ", the 品 -shaped structure of Chinese characters, and write the related characters

3. 技能目标：能够正确安装工件并独立操作车床。

   Skill objective: To be able to install workpieces correctly and operate a lathe independently

第一部分　Part 1

课文 Texts

一、热身　rèshēn　Warm-up

1. 给词语选择对应的图片。Choose the corresponding picture for each word.

A.

B.

C.

D.

bàngliào
❶ 棒料＿＿＿＿＿＿＿＿
bar stock

cāozòng shǒubǐng
❷ 操纵 手柄 ＿＿＿＿＿＿＿＿
control handle

sānzhǎo qiǎpán
❸ 三爪 卡盘＿＿＿＿＿＿＿＿
three-jaw chuck

qiǎpán bānshou
❹ 卡盘 扳手 ＿＿＿＿＿＿＿＿
chuck wrench

2. 观看介绍车床上工件安装的视频，将安装步骤按照正确顺序排列。**Watch the video introducing the installation of workpieces on a lathe, and arrange the installation steps in correct order.**

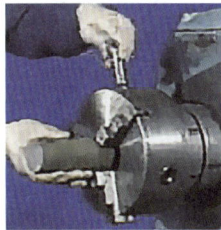

A.　　　　　　B.　　　　　　C.　　　　　　D.

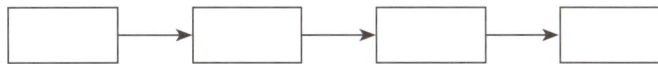

二、课文　kèwén　Texts

A 🎧 06-01

Shǐyòng chēchuáng shí, gōngjiàn hé chēdāo zhuāngjiā yào láogù, tóngshí bìmiǎn zhèng duì
使用 车床 时，工件 和 车刀 装夹 要牢固，同时避免正对

gōngjiàn zhànlì. Zhuàndòng xiǎodāojià shí yào tíngchē, fángzhǐ chēdāo pèngzhuàng qiǎpán、 gōngjiàn
工件 站立。转动 小刀架 时要停车，防止车刀 碰撞 卡盘、工件

huò huápò shǒu.
或 划破 手。

译文 yìwén Text in English

When operating a lathe, the workpiece and tool should be clamped firmly, and avoid facing the workpiece directly. Stop the lathe when rotating the compound rest to prevent the tool from colliding with the chuck, workpiece or cutting your hands.

普通词语 pǔtōng cíyǔ General Vocabulary 🎧06-02

1.	牢固	láogù	adj.	firm
2.	同时	tóngshí	conj.	meanwhile
3.	避免	bìmiǎn	v.	avoid
4.	正对	zhèng duì	phr.	face directly
5.	站立	zhànlì	v.	stand
6.	停车	tíng//chē	v.	stop a lathe
7.	防止	fángzhǐ	v.	prevent
8.	碰撞	pèngzhuàng	v.	collide with
9.	划破	huápò	phr.	cut
	破	pò	v.	break

专业词语 zhuānyè cíyǔ Specialized Vocabulary 🎧06-03

1.	装夹	zhuāngjiā	v.	clamp
2.	小刀架	xiǎodāojià	n.	compound rest

B 🎧06-04

Gāosù qiēxiāo shí, yīng shǐyòng duànxièqì hé dǎnghùpíng, jìnzhǐ gāosù fǎn shāchē. Tuìchē
高速切削时，应 使用 断屑器和挡护屏，禁止高速反刹车。退车

hé tíngchē yào píngwěn. Zhǔzhóu méi tíngwěn shí, jìnzhǐ zài chētóu shang qǔ gōngjiàn huò cèliáng
和停车要平稳。主轴 没停稳时， 禁止在车头 上 取 工件 或 测量

gōngjiàn.
工件。

译文 yìwén Text in English

During high-speed cutting, chip breaker and protective shield should be used, and reverse brake at high speed is prohibited. The lathe should be backed up and stopped smoothly. It is prohibited to take or measure the workpiece on the headstock if the spindle hasn't come to a full stop.

普通词语 pǔtōng cíyǔ General Vocabulary   🎧 06-05

1.	高速	gāosù	adj.	high-speed
2.	反刹车	fǎn shāchē	phr.	reverse brake
	反	fǎn	adj.	reverse
	刹车	shā//chē	v.	put on the brakes
3.	退车	tuì//chē	v.	back up
4.	平稳	píngwěn	adj.	smooth
5.	停	tíng	v.	stop
6.	稳	wěn	adj.	steady, smooth
7.	取	qǔ	v.	take

专业词语 zhuānyè cíyǔ Specialized Vocabulary   🎧 06-06

1.	断屑器	duànxièqì	n.	chip breaker
2.	挡护屏	dǎnghùpíng	n.	protective shield
3.	车头	chētóu	n.	headstock

三、视听说 shì-tīng-shuō Viewing, Listening and Speaking

观看介绍车床加工操作步骤的视频，将下列图片排序，并模仿说出基本操作步骤。**Watch the video introducing the operating steps of lathe machining, arrange the following pictures in order and talk about the basic operating steps following the video.**

chēchuáng jiāgōng de cāozuò bùzhòu
车床 加工的操作步骤
Operating Steps of Lathe Machining

wánchéng hòu tuìdāo

A. 完成 后退刀

retract the tool after machining

kāichē duì língdiǎn

B. 开车对 零点

start the lathe for zero setting

jìn qiēshēn

C. 进切深

feed of depth of cut

yán jìnjǐ fǎnfāngxiàng tuìdāo

D. 沿进给 反方向 退刀

retract the tool in the reverse direction of feed

zǒudāo qiēxiāo

E. 走刀 切削

start cutting

shǒudòng jìnjǐ

F. 手动 进给

manual feed

四、学以致用　xuéyǐzhìyòng　Practicing What You Have Learnt

观看介绍车床使用注意事项的视频，判断图片中的操作是否正确。对的打√，错的打×。**Watch the video introducing the precautions for lathe operation, judge whether the operations in the pictures are correct or not with a tick or cross.**

chēchuáng shǐyòng zhùyì shìxiàng
车床　使用 注意 事项
Precautions for Lathe Operation

qǐdòng qián jiǎnchá shǒubǐng wèizhì shìfǒu zhèngquè
❶ 启动 前 检查 手柄 位置 是否　正确　　　　　　　　　　（　　）
check whether the handles are in correct position before starting

qǐdòng hòu dīsù kōngzhuàn 1～2 fēnzhōng
❷ 启动 后 低速　空转　1 ～ 2 分钟　　　　　　　　　　　　（　　）
idle at low speed for 1-2 minutes after starting

zhuāngjiā jiào zhòng de gōngjiàn yào diàn mùbǎn

3 装夹 较 重 的 工件 要 垫 木板   （   ）

use wood boards when clamping heavy workpieces

qiǎpán bānshou kěyǐ liú zài qiǎpán shang

4 卡盘 扳手 可以 留在 卡盘 上   （   ）

the chuck wrench can be left on the chuck

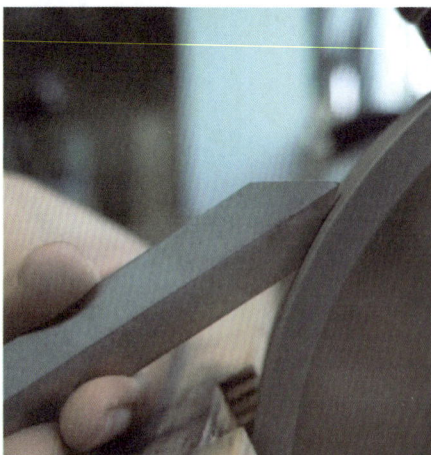

jíshí   rènmó chēdāo

5 及时 刃磨 车刀   （   ）

sharpen the tool in time

lěngquèyè búyòng gēnghuàn
⑥ 冷却液 不用 更换　　　　　　　　　　(　)
the coolant does not need to be replaced

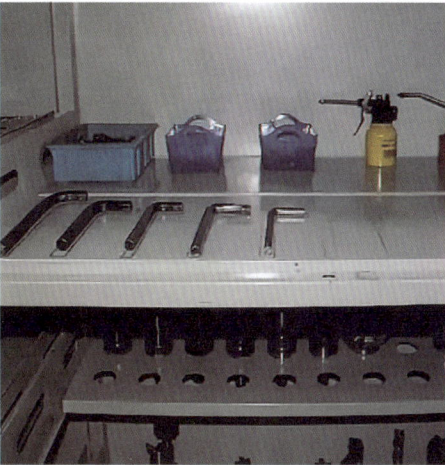

měi jiàn gōngjù yīng fàng zài gùdìng wèizhì
⑦ 每件工具应 放在固定位置　　　　　　(　)
each tool should be placed in the designated position

yòngwán hòu, jiāng chēchuáng huīfù dào yuánshǐ wèizhì
⑧ 用完后，将 车床 恢复到 原始 位置　　　(　)
the lathe should be restored to its original position after use

五、小知识　xiǎo zhīshi　Tips

Yóuyú kèdùpán hé sīgàng de luójù dōu yǒu yídìng wùchā, bù néng mǎnzú jīng chē yāoqiú,

由于刻度盘和丝杠的螺距都有一定误差，不能满足精车要求，

zài dānjiàn xiǎopī shēngchǎn zhōng cháng cǎiyòng shìqiē de fāngfǎ lái bǎozhèng chǐcùn jīngdù.

在单件小批生产中常采用试切的方法来保证尺寸精度。

Since the pitch of the dial and the lead screw has a certain error, it can not meet the fine turning requirements, so the trial-cutting method is often used to ensure the dimensional accuracy in single-piece and small-batch production.

第二部分　Part 2

汉字　Chinese Characters

一、汉字知识　Hànzì zhīshi　Knowledge about Chinese Characters

1. 汉字的笔画（6）Strokes of Chinese characters (6)

笔画 Strokes	名称 Names	例字 Examples
乛	横撇弯钩 héngpiěwāngōu	部
乙	横折折折钩 héngzhézhézhégōu	奶

2. 汉字的结构（2）Structures of Chinese characters (2)

结构类型 Structure type	例字 Example	结构图示 Illustration
品字形结构 品-shaped structure	品	⊞

二、汉字认读与书写　*Hànzì rèndú yǔ shūxiě*　The Recognition and Writing of Chinese Characters

认读下列词语，并试着读写构成词语的汉字。Recognize the following words, and try to read and write the Chinese characters forming these words.

切削　　进切深　　退车

切			削										
进			切			深							
退			车										

第三部分　Part 3

日常用语　*Daily Expressions*

❶ 请原谅。Qǐng yuánliàng. Sorry.

❷ 不好意思，麻烦你…… Bù hǎoyìsi, máfán nǐ… Excuse me, could you please...

❸ 我前几天感冒了。Wǒ qián jǐ tiān gǎnmào le. I had a cold several days ago.

第四部分　Part 4

单元实训　*Unit Practical Training*

车床上工件的装夹和车床的操作
Clamping of Workpieces on a Lathe and Operation of Lathes

实训目的 Training purpose

通过本次实训，学生能够掌握车床上工件的装夹和车床的操作，了解车床操作的注意事项和紧急情况的处理方式。

Through this practical training, the students are able to master the workpiece clamping on a lathe and lathe operation, and understand the precautions for lathe operation and the methods of handling emergencies.

实训组织 Training organization

每组 6 人，其中一人为组长。

Six students in each group, with a group leader.

实训步骤 Training steps

❶ 教师通过视频介绍工件装夹的步骤和车床的基本操作步骤，并介绍紧急情况的处理方式。

The teacher introduces the steps of workpiece clamping and the basic operating steps of lathes through videos, and introduces the methods of handling emergencies.

❷ 学生完成课堂学习以后进入车间，每组选择一个车床，在教师的指导下，轮流完成工件的装夹、车床操作的完整流程。教师及时给学生指导并纠正。

After completing the learning in class, the students enter the workshop, and each group selects a lathe. Under the guidance of the teacher, they take turns to complete the whole process of workpiece clamping and lathe operation. The teacher provides guidance and correction for the students in time.

❸ 每个小组总结出在实际操作中应注意的事项，并向全班做总结汇报。

Each group sums up the precautions during the practical operation and makes a summary report to the class.

❹ 教师点评。

The teacher comments.

第五部分　Part 5　单元小结　*Unit Summary*

cíyǔ 词语 Vocabulary

普通词语　General Vocabulary

1.	牢固	láogù	adj.	firm
2.	同时	tóngshí	conj.	meanwhile
3.	避免	bìmiǎn	v.	avoid
4.	正对	zhèng duì	phr.	face directly
5.	站立	zhànlì	v.	stand
6.	停车	tíng//chē	v.	stop a lathe
7.	防止	fángzhǐ	v.	prevent
8.	碰撞	pèngzhuàng	v.	collide with
9.	划破	huápò	phr.	cut
	破	pò	v.	break
10.	高速	gāosù	adj.	high-speed
11.	反刹车	fǎn shāchē	phr.	reverse brake
	反	fǎn	adj.	reverse
	刹车	shā//chē	v.	put on the brakes
12.	退车	tuì//chē	v.	back up
13.	平稳	píngwěn	adj.	smooth
14.	停	tíng	v.	stop
15.	稳	wěn	adj.	steady, smooth
16.	取	qǔ	v.	take

专业词语　Specialized Vocabulary

1.	装夹	zhuāngjiā	v.	clamp
2.	小刀架	xiǎodāojià	n.	compound rest
3.	断屑器	duànxièqì	n.	chip breaker
4.	挡护屏	dǎnghùpíng	n.	protective shield
5.	车头	chētóu	n.	headstock

补充专业词语　Supplementary Specialized Vocabulary

1.	三爪卡盘	sānzhǎo qiǎpán	phr.	three-jaw chuck
2.	卡盘扳手	qiǎpán bānshou	phr.	chuck wrench
3.	退刀	tuì//dāo	v.	retract a tool
4.	零点	língdiǎn	n.	zero point
5.	切深	qiēshēn	n.	depth of cut
6.	冷却液	lěngquèyè	n.	coolant
7.	刻度盘	kèdùpán	n.	dial
8.	螺距	luójù	n.	pitch
9.	精车	jīng chē	phr.	fine turning
10.	试切	shìqiē	v.	trial cut

cíyǔ 词语 Vocabulary

jùzi 句子 Sentences

1. 使用车床时，工件和车刀装夹要牢固，避免正对工件站立。
2. 转动小刀架时要停车，防止车刀碰撞卡盘、工件或划破手。
3. 高速切削时，应使用断屑器和挡护屏，禁止高速反刹车。
4. 退车和停车要平稳。
5. 车床主轴没停稳时，禁止在车头上取工件或测量工件。

Xǐchuáng de jiégòu
铣床的结构
Structure of Milling Machines

lìshì xǐchuáng de jīběn jiégòu
立式铣床 的基本结构
Basic Structure of a Vertical Milling Machine

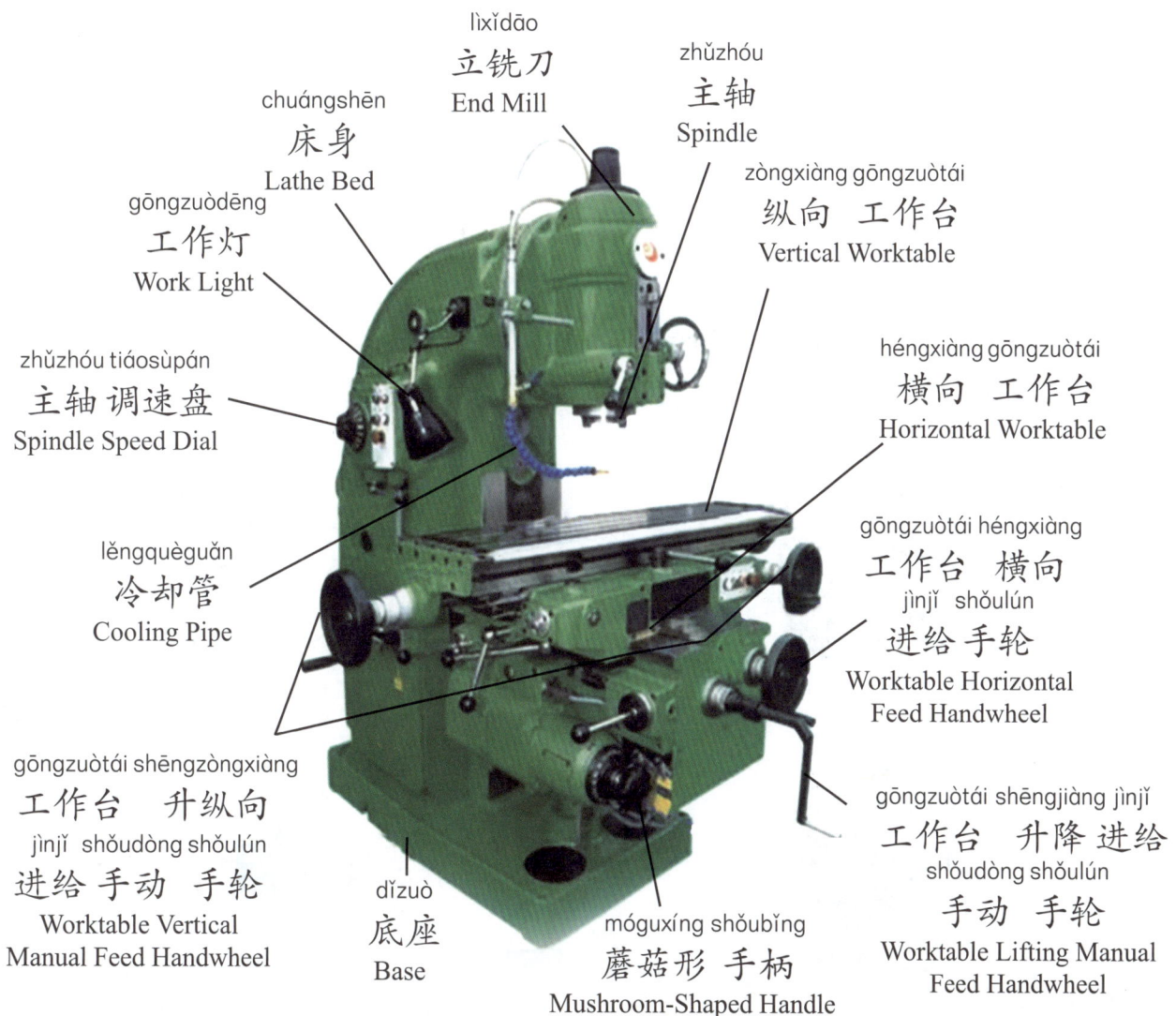

lìxǐdāo
立铣刀
End Mill

zhǔzhóu
主轴
Spindle

chuángshēn
床身
Lathe Bed

zòngxiàng gōngzuòtái
纵向 工作台
Vertical Worktable

gōngzuòdēng
工作灯
Work Light

héngxiàng gōngzuòtái
横向 工作台
Horizontal Worktable

zhǔzhóu tiáosùpán
主轴调速盘
Spindle Speed Dial

gōngzuòtái héngxiàng
工作台 横向
jìnjǐ shǒulún
进给手轮
Worktable Horizontal
Feed Handwheel

lěngquèguǎn
冷却管
Cooling Pipe

gōngzuòtái shēngzòngxiàng
工作台 升纵向
jìnjǐ shǒudòng shǒulún
进给 手动 手轮
Worktable Vertical
Manual Feed Handwheel

dǐzuò
底座
Base

móguxíng shǒubǐng
蘑菇形 手柄
Mushroom-Shaped Handle

gōngzuòtái shēngjiàng jìnjǐ
工作台 升降 进给
shǒudòng shǒulún
手动 手轮
Worktable Lifting Manual
Feed Handwheel

题解　Introduction

1. 学习内容：常用铣床的种类和基本结构、各类铣刀的名称和用途。

   Learning content: The types and basic structure of common milling machines, the names and uses of all kinds of milling cutters

2. 知识目标：掌握与铣床基本结构相关的关键词，了解汉字的笔画"ㄣ""乁"和上下结构、上中下结构，学写相关汉字。

   Knowledge objectives: To master the keywords related to the basic structure of milling machines, learn the strokes "ㄣ", "乁", the top-bottom structure and the top-middle-bottom structure of Chinese characters, and write the related characters

3. 技能目标：能够根据加工工件需要选择合适的铣刀。

   Skill objective: To be able to choose appropriate milling cutters based on the needs of workpiece processing

第一部分　Part 1

课文　Texts

一、热身　rèshēn　Warm-up

1. 给词语选择对应的图片。Choose the corresponding picture for each word.

A.

B.

C.

D.

lìshì　xǐchuáng
❶ 立式 铣床 _____
vertical milling machine

wòshì　xǐchuáng
❷ 卧式 铣床 _____
horizontal milling machine

lìshì　shùkòng xǐchuáng
❸ 立式 数控 铣床 _____
vertical CNC milling machine

wòshì　shùkòng xǐchuáng
❹ 卧式 数控 铣床 _____
horizontal CNC milling machine

2. 观看介绍立式铣床基本结构的视频，将图中标出的各个部分与结构名称相匹配。**Watch the video introducing the basic structure of a vertical milling machine and match the parts marked in the picture with the structure names.**

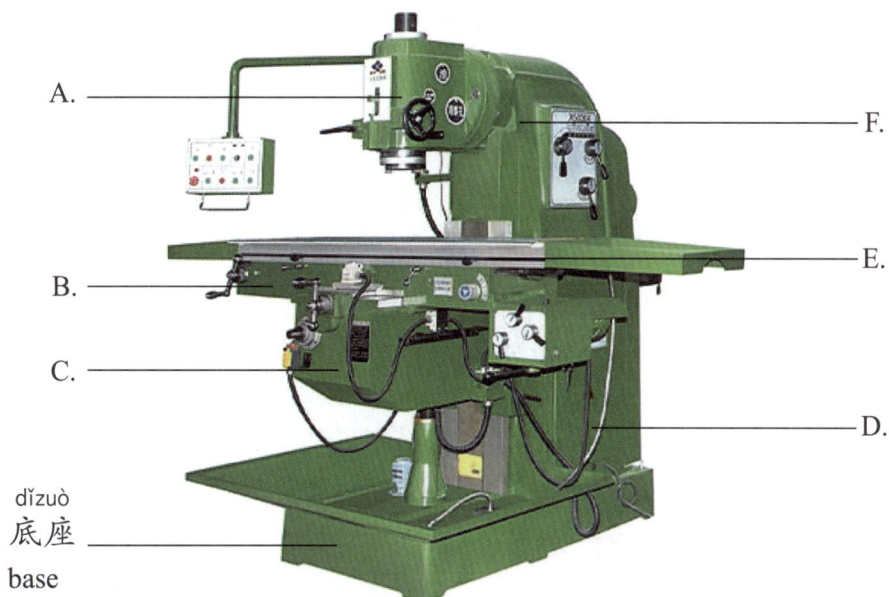

lìshì xǐchuáng de jīběn jiégòu
立式 铣床 的 基本 结构
Basic Structure of a Vertical Milling Machine

A.

B.

C.

F.

E.

D.

dǐzuò
底座 ＿＿＿＿＿＿＿
base

xǐtóu
① 铣头 ＿＿＿＿＿＿
milling head

lìzhù
② 立柱 ＿＿＿＿＿＿
upright column

chuángshēn
③ 床身 ＿＿＿＿＿＿
lathe bed

chuáng'ān
④ 床鞍 ＿＿＿＿＿＿
saddle

shēngjiàngtái
⑤ 升降台 ＿＿＿＿＿＿
lifting platform

gōngzuòtái
⑥ 工作台 ＿＿＿＿＿＿
worktable

二、课文 kèwén Texts

A 🎧 07-01

Xǐchuáng shì yì zhǒng yòngtú guǎngfàn de jīchuáng, tā zhǔyào yòng xǐdāo duì gōngjiàn de
铣床 是一种 用途 广泛 的机床，它主要 用铣刀对 工件 的

duō zhǒng biǎomiàn jìnxíng xǐxiāo jiāgōng. Kěyǐ jiāgōng píngmiàn、gōucáo, yě kěyǐ jiāgōng
多 种 表面 进行 铣削加工。可以加工 平面、沟槽， 也 可以 加工

gèzhǒng qūmiàn、 chǐlún děng.
各种 曲面、齿轮等。

译文 yìwén Text in English

A milling machine is a versatile machine tool, which mainly uses milling cutters to mill a variety of surfaces of workpieces. It can machine planes, grooves, and all kinds of curved surfaces and gears, etc.

普通词语 pǔtōng cíyǔ General Vocabulary 🎧 07-02

1.	用途	yòngtú	n.	use
2.	广泛	guǎngfàn	adj.	wide, broad
3.	平面	píngmiàn	n.	plane
4.	曲面	qūmiàn	n.	curved surface

专业词语 zhuānyè cíyǔ Specialized Vocabulary 🎧 07-03

| 1. | 铣刀 | xǐdāo | n. | milling cutter |
| 2. | 铣削 | xǐxiāo | v. | work (metal, etc.) with a milling machine, mill |

B 🎧 07-04

Xǐchuáng de rìcháng bǎoyǎng zhǔyào bāokuò sān diǎn:
铣床 的日常 保养 主要 包括 三点：

Qīngjié chuángshēn jí bùjiàn, qīngsǎo tiěxiè jí zhōubiān huánjìng.
1. 清洁 床身 及部件，清扫铁屑及周边 环境。

Jiǎnchá yóuchuāng yóuwèi, gè bùwèi jiāzhù rùnhuáyóu.
2. 检查 油窗 油位，各部位加注润滑油。

Qīngjié gōngjù、 jiājù、 liángjù.
3. 清洁工具、夹具、量具。

译文 yìwén Text in English

The daily maintenance of a milling machine mainly includes three points: 1. Clean the bed and components, sweep the iron filings and surroundings. 2. Check the oil level of the oil window and add lubricating oil to various parts. 3. Clean the tools, fixtures and measuring tools.

普通词语 pǔtōng cíyǔ General Vocabulary 🎧 07-05

1.	日常	rìcháng	adj.	daily
2.	点	diǎn	m.	point
3.	部件	bùjiàn	n.	component
4.	周边	zhōubiān	n.	surroudings, periphery
5.	部位	bùwèi	n.	part
6.	加注	jiāzhù	v.	add
7.	润滑油	rùnhuáyóu	n.	lubricating oil

专业词语 zhuānyè cíyǔ Specialized Vocabulary 🎧 07-06

1.	铁屑	tiěxiè	n.	iron filing
2.	油窗	yóuchuāng	n.	oil window
3.	油位	yóuwèi	n.	oil level

三、视听说 shì-tīng-shuō *Viewing, Listening and Speaking*

观看介绍铣刀种类的视频，将铣刀图片和对应名称相匹配，并模仿说出不同铣刀的名称。**Watch the video introducing types of milling cutters, match the pictures of the milling cutters with the corresponding names, and talk about the names of different milling cutters following the video.**

A.

B.

C.

D.

E.

F.

yuánzhù xǐdāo
① 圆柱 铣刀 _____
cylindrical milling cutter

miàn xǐdāo
② 面铣刀 _____
face milling cutter

lì xǐdāo
③ 立铣刀 _____
end milling cutter

tàoshì lì xǐdāo
④ 套式 立铣刀 _____
shell end milll

sānmiànrèn xǐdāo
⑤ 三面刃 铣刀 _____
side and face milling cutter

jùpiàn xǐdāo
⑥ 锯片 铣刀 _____
saw blade milling cutter

四、学以致用 xuéyǐzhìyòng **Practicing What You Have Learnt**

观看介绍铳刀作用的视频，并根据加工好的工件形状选择正确的铳刀。**Watch the video introducing the functions of milling cutters and choose the right milling cutters according to the shapes of the machined workpieces.**

xǐdāo de zhǒnglèi hé zuòyòng
铳刀的种类和作用
Types and Functions of Milling Cutters

shuāngjiǎo xǐdāo
A. 双角 铳刀
double angle milling cutter

dānjiǎo xǐdāo
B. 单角 铳刀
single angle milling cutter

tūbànyuán xǐdāo
C. 凸半圆 铳刀
convex milling cutter

āobànyuán xǐdāo
D. 凹半圆 铳刀
concave milling cutter

T-xíngcáo xǐdāo
E. T型槽 铳刀
T-slot milling cutter

yànwěicáo xǐdāo
F. 燕尾槽 铳刀
dovetail milling cutter

① (   )

② (   )

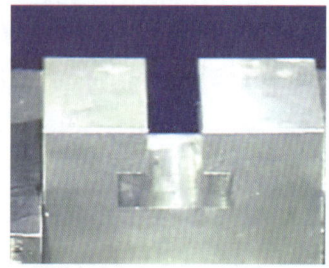

③ (   )

④ (   )

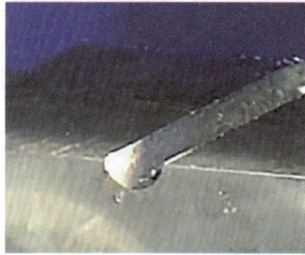

⑤ (   )

⑥ (   )

五、小知识　xiǎo zhīshi　Tips

Lìshì xǐchuáng hé wòshì xǐchuáng de yí gè míngxiǎn de qūbié shì zhǔzhóu fāngxiàng bù tóng,
立式 铣床 和卧式 铣床 的一个 明显 的 区别 是主轴 方向 不同，

qiánzhě zhǔzhóu shùzhí xiàng xià,　ér hòuzhě zhǔzhóu shì shuǐpíng fāngxiàng de.　Lìshì shùkòng
前者 主轴 竖直 向下，而后者 主轴 是 水平 方向 的。立式 数控

xǐchuáng shùliàng zuì duō, yìngyòng fànwéi zuì guǎng.
铣床 数量 最多，应用 范围 最广。

One obvious difference between vertical and horizontal milling machines is that the spindle direction is different. The spindle of the former is vertically downward, while the spindle of the latter is horizontal. Vertical CNC milling machines are in the largest quantity, and have the widest range of applications.

lìshì xǐchuáng
立式 铣床
vertical milling machine

wòshì xǐchuáng
卧式 铣床
horizontal milling machine

第二部分 Part 2

汉字 *Chinese Characters*

一、汉字知识 Hànzì zhīshi Knowledge about Chinese Characters

1. 汉字的笔画（7） **Strokes of Chinese characters (7)**

笔画 Strokes	名称 Names	例字 Examples
㇄	竖折折钩 shùzhézhégōu	马
㇈	横折斜钩 héngzhéxiégōu	风

2. 汉字的结构（3） **Structures of Chinese characters (3)**

结构类型 Structure types	例字 Examples	结构图示 Illustrations
上下结构 Top-bottom structure	爸 节	 ▤
上中下结构 Top-middle-bottom structure	意	▤

二、汉字认读与书写 Hànzì rèndú yǔ shūxiě The Recognition and Writing of Chinese Characters

认读下列词语，并试着读写构成词语的汉字。**Recognize the following words, and try to read and write the Chinese characters forming these words.**

铣头　　立柱　　工作台

| 铣 | | | 头 | | | 立 | | | 柱 | | |
| 工 | | | 作 | | | 台 | | | | | |

第三部分 Part 3

日常用语 *Daily Expressions*

❶ 麻烦你替我请个假。Máfan nǐ tì wǒ qǐng gè jià. Would you please ask for leave for me?

❷ 我被骗了。Wǒ bèi piàn le. I was cheated.

❸ 别着急。Bié zháojí. Don't worry.

第四部分　Part 4

单元实训 *Unit Practical Training*

铣床的结构和不同种类铣刀的用途
Structure of Milling Machines and Uses of Different Types of Milling Cutters

实训目的 Training purpose

通过本次实训，学生能够了解铣床的基本结构，认识不同种类的铣刀并熟悉它们的用途。

Through this practical training, the students are able to understand the basic structure of milling machines, different types of milling cutters, and become familiar with their uses.

实训组织 Training organization

每组 6 人，选举一人为组长。

Six students in each group, with a group leader.

实训步骤 Training steps

❶ 教师通过视频介绍铣床的用途、基本结构及日常保养知识。

The teacher introduces the uses, basic structure and daily maintenance knowledge of milling machines through videos.

❷ 小组竞赛：教师用 PPT 展示铣床某一结构的图片，小组成员抢答其名称。教师讲解竞赛规则，宣布抢答活动开始。组长根据教师的提示计分，得分最多的小组获胜。

Group competition: The teacher shows a picture of a certain structure of a milling machine with PPT, and the members rush to answer its name. The teacher explains the competition rules and announces the beginning of the quick response activity. The group leader keeps the scores according to the teacher's cues, and the group with the highest score wins.

❸ 教师向大家展示铣床上用到的各类铣刀，将铣刀和加工好的工件逐一对比，解释铣刀的工作原理。

The teacher shows various milling cutters used on milling machines, compares the milling cutters with the machined workpieces one by one, and explains the working principle of milling cutters.

❹ 学生完成课堂学习以后进入车间，在教师的指导下，现场观看铣床加工各工件的过程。

After completing the learning in class, the students enter the workshop. Under the guidance of the teacher, they watch the process of the milling machine machining various workpieces on site.

❺ 采取抽签的方式，每个小组抽取一种类型的铣刀，向全班介绍它的用途。

Each group selects one type of milling cutters by drawing lots and introduces its function to the class.

❻ 教师点评。

The teacher comments.

第五部分　Part 5

单元小结　*Unit Summary*

cíyǔ
词语
Vocabulary

普通词语　General Vocabulary

1.	用途	yòngtú	n.	use
2.	广泛	guǎngfàn	adj.	wide, broad
3.	平面	píngmiàn	n.	plane
4.	曲面	qūmiàn	n.	curved surface
5.	日常	rìcháng	adj.	daily
6.	点	diǎn	m.	point
7.	部件	bùjiàn	n.	component
8.	周边	zhōubiān	n.	surroudings, periphery
9.	部位	bùwèi	n.	part
10.	加注	jiāzhù	v.	add
11.	润滑油	rùnhuáyóu	n.	lubricating oil

专业词语　Specialized Vocabulary

1.	铣刀	xǐdāo	n.	milling cutter
2.	铣削	xǐxiāo	v.	work (metal, etc.) with a milling machine, mill
3.	铁屑	tiěxiè	n.	iron filing
4.	油窗	yóuchuāng	n.	oil window
5.	油位	yóuwèi	n.	oil level

补充专业词语　Supplementary Specialized Vocabulary

1.	立式铣床	lìshì xǐchuáng	phr.	vertical milling machine
2.	卧式铣床	wòshì xǐchuáng	phr.	horizontal milling machine
3.	升降台	shēngjiàngtái	n.	lifting platform
4.	圆柱铣刀	yuánzhù xǐdāo	phr.	cylindrical milling cutter
5.	面铣刀	miàn xǐdāo	phr.	face milling cutter
6.	立铣刀	lì xǐdāo	phr.	end milling cutter
7.	套式立铣刀	tàoshì lì xǐdāo	phr.	shell end mill
8.	三面刃铣刀	sānmiànrèn xǐdāo	phr.	side and face milling cutter
9.	锯片铣刀	jùpiàn xǐdāo	phr.	saw blade milling cutter

jùzi
句子
Sentences

1. 铣床主要用铣刀对工件的多种表面进行铣削加工。
2. 铣床可以加工平面、沟槽，也可以加工各种曲面、齿轮等。
3. 清洁床身及部件，清扫铁屑及周边环境。
4. 检查油窗油位，各部位加注润滑油。
5. 清洁工具、夹具、量具。

Xǐchuáng de shǐyòng
铣床的使用
Use of Milling Machines

xǐchuáng jiāgōng de cāozuò bùzhòu
铣床 加工的操作步骤
Operating Steps of Milling

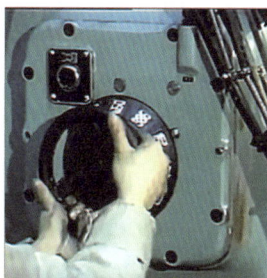

tiáozhěng zhǔzhóu zhuànsù hé gōngzuòtái de jìnjǐliàng
调整 主轴 转速和工作台的进给量
Adjust the Spindle Speed and the Feed
Rate of the Worktable

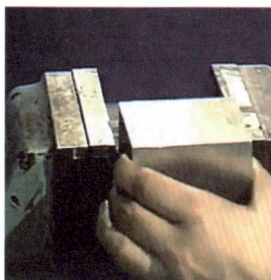

zhuānghǎo xǐdāo
装好 铣刀
Install the Milling Cutter

zhuāngjiā gōngjiàn
装夹 工件
Clamp the Workpiece

ànxià lǜsè ànniǔ, zhǔzhóu xuánzhuǎn
按下绿色按钮，主轴 旋转
Press the Green Button to Rotate the Spindle

cāozuò jìnjǐ shǒubǐng kāishǐ xǐxiāo
操作进给 手柄 开始铣削
Operate the Feed Handle to Start Milling

ànxià hóngsè ànniǔ, zhǔzhóu tíngzhǐ zhuàndòng
按下红色按钮，主轴 停止 转动
Press the Red Button to Stop the Rotation of the Spindle

题解 Introduction

1. 学习内容：铣刀安装和铣床操作的基本步骤、铣床操作的注意事项和紧急情况的处理方式。
Learning content: The installation of milling cutters and the basic steps of milling machine operation, the precautions for milling machine operation and the methods of handling emergencies

2. 知识目标：掌握与铣床操作相关的关键词，了解汉字的笔画"乀""乁"和左右结构、左中右结构，学写相关汉字。
Knowledge objectives: To master the keywords related to milling machine operation, learn the strokes "乀", "乁", the left-right structure and the left-middle-right structure of Chinese characters, and write the related characters

3. 技能目标：能够正确安装铣刀，独立操作铣床。
Skill objective: To be able to install milling cutters correctly and operate a milling machine independently

第一部分 Part 1

课文 Texts

一、热身 rèshēn Warm-up

1. 给词语选择对应的图片。**Choose the corresponding picture for each word.**

A.

B.

C.

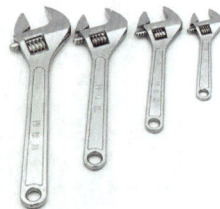
D.

jīyòng hǔqián
❶ 机用 虎钳 _____
machine vice

bānshou
❷ 扳手 _____
wrench

cāozòng shǒubǐng
❸ 操纵 手柄 _____
control handle

xǐjiātóu
❹ 铣夹头 _____
milling chuck

2. 观看介绍铣刀安装步骤的视频，将下列图片按照正确顺序排列。**Watch the video introducing the installation steps of a milling cutter, and arrange the following pictures in correct order.**

A.

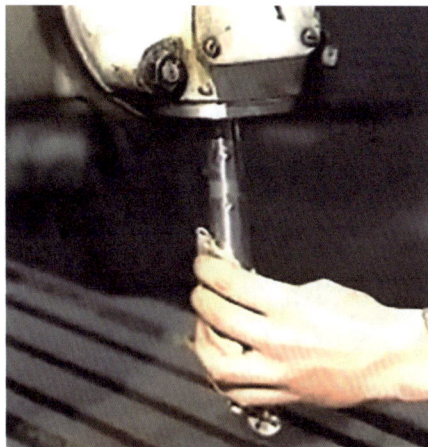

B.

C.

D.

二、课文　kèwén　Texts

A 🎧 08-01

Jiāgōng gōngjiàn shí,　yòng jīyòng hǔqián jiāzhù gōngjiàn,　gùdìng zài gōngzuòtái shang.
加工　工件　时，用　机用虎钳夹住工件，固定在工作台　上。

Xǐchuáng gōngzuò shí,　xǐdāo xuánzhuǎn wéi zhǔ yùndòng,　fǔ yǐ gōngzuòtái huò xǐtóu de　jìnjǐ
铣床　工作时，铣刀　旋转　为主运动，辅以工作台 或铣头的进给

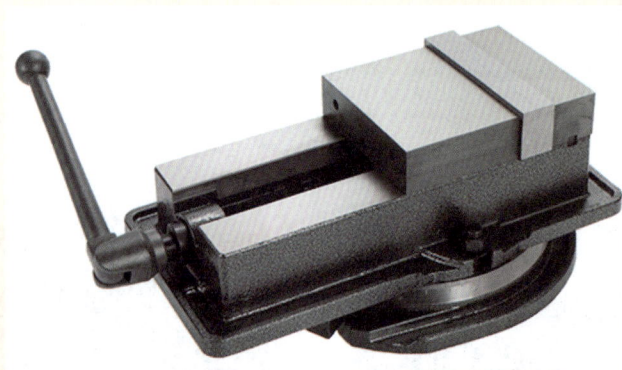

yùndòng.
运动。

译文 yìwén Text in English

When machining a workpiece, clamp the workpiece with a machine vice and fix it on the worktable. When the milling machine is working, the rotation of the milling cutter is the main movement, supplemented by the feed movement of the worktable or milling head.

普通词语 pǔtōng cíyǔ General Vocabulary 🎧 08-02

1.	夹住	jiāzhù	phr.	clamp
2.	固定	gùdìng	v.	fix
3.	为	wéi	v.	be
4.	主运动	zhǔ yùndòng	phr.	main movement
	运动	yùndòng	v.	move
5.	辅以	fǔ yǐ	phr.	supplemented by

专业词语 zhuānyè cíyǔ Specialized Vocabulary 🎧 08-03

1.	机用虎钳	jīyòng hǔqián	phr.	machine vice
2.	铣头	xǐtóu	n.	milling head
3.	进给运动	jìnjǐ yùndòng	phr.	feed movement

B 🎧 08-04

Xuéyuán wèi jīng péixùn bùdé shǐyòng xǐchuáng. Cāozuò xǐchuáng shí, chuān gōngzuòfú,
学员 未经培训不得使用 铣床。操作 铣床 时, 穿 工作服,

dài gōngzuòmào, yánjìn dài shǒutào cāozuò. Gōngzuò chǎngdì yào yǒu jiǎotàbǎn, yǐ fáng chùdiàn.
戴 工作帽, 严禁戴手套操作。工作 场地 要有 脚踏板, 以防 触电。

Dāng yùdào jǐnjí qíngkuàng shí, lìjí ànxià jítíng ànniǔ, guānbì diànyuán, bìng bàogào
当 遇到紧急 情况 时, 立即按下急停按钮, 关闭 电源, 并 报告

xiāngguān rényuán.
相关 人员。

译文 yìwén Text in English

The students are not allowed to operate a milling machine without training. When operating a milling machine, wear work clothes and a work cap, and it is strictly prohibited to wear gloves. There should be foot treadles in the workplace to prevent electric shock. In case of emergency, press the emergency stop button immediately, turn off the power supply, and report to the relevant personnel.

普通词语 pǔtōng cíyǔ General Vocabulary

🎧 08-05

1.	学员	xuéyuán	n.	student, trainee
2.	未经	wèi jīng	phr.	without
3.	不得	bùdé	aux.	not be allowed
4.	严禁	yánjìn	v.	strictly prohibit
5.	场地	chǎngdì	n.	workplace
6.	以防	yǐ fáng	phr.	prevent
7.	当	dāng	prep.	when
8.	遇到	yùdào	phr.	in case of, run into
9.	紧急情况	jǐnjí qíngkuàng	phr.	emergency
	紧急	jǐnjí	adj.	urgent
	情况	qíngkuàng	n.	situation
10.	立即	lìjí	adv.	immediately

11.	按下	ànxià	phr.	press
12.	并	bìng	conj.	and
13.	报告	bàogào	v.	report
14.	相关人员	xiāngguān rényuán	phr.	relevant personnel
	相关	xiāngguān	v.	be related
	人员	rényuán	n.	personnel

专业词语 zhuānyè cíyǔ Specialized Vocabulary　🎧08-06

| 1. | 脚踏板 | jiǎotàbǎn | n. | foot treadle |
| 2. | 急停按钮 | jítíng ànniǔ | phr. | emergency stop button |

三、视听说　shì-tīng-shuō　Viewing, Listening and Speaking

观看介绍铣床加工操作步骤的视频，将下列图片按正确顺序排列，并模仿说出基本操作步骤。**Watch the video introducing the operating steps of milling, arrange the following pictures in correct order, and talk about the basic operating steps following the video.**

xīchuáng jiāgōng de cāozuò bùzhòu
铣床 加工的操作步骤
Operating Steps of Milling

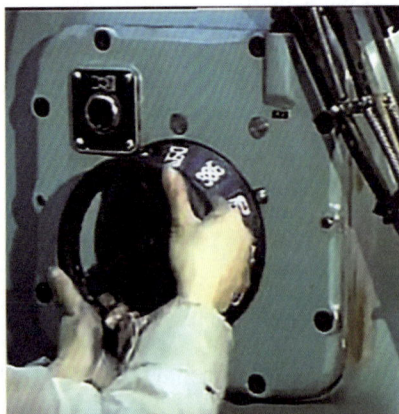

A.

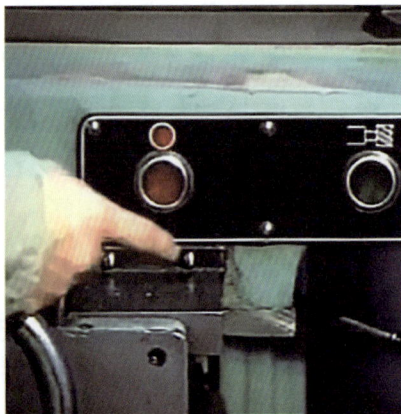

B.

C.

D.

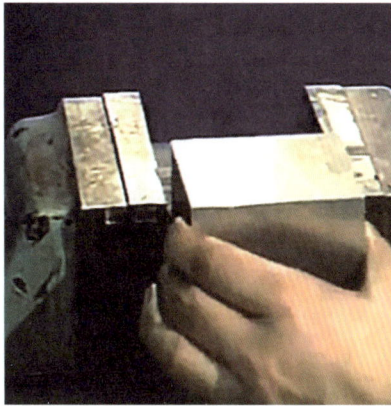

E.

F.

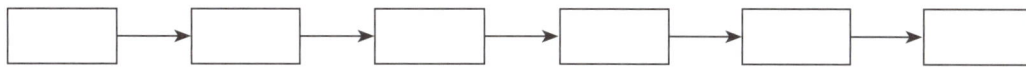

四、学以致用　xuéyǐzhìyòng　Practicing What You Have Learnt

观看介绍铣床使用注意事项的视频，判断图片中的操作是否正确。对的打√，错的打 ×。**Watch the video introducing the precautions for operating a milling machine, and judge whether the operations in the pictures are correct or not with a tick or cross.**

qǐdòng qián jiǎnchá yóuchuāng yóuwèi
❶ 启动 前 检查 油窗 油位　　　　　　　　　　　（　　）
check the oil level of the oil window before starting

zhuāngxiè gōngjiàn shí cājìng hǔqián
❷ 装卸 工件 时擦净 虎钳　　　　　　　　　　　（　　）
clean the vice while loading and unloading the workpiece

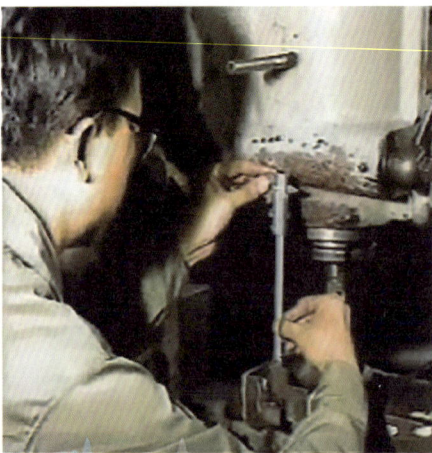

zǒudāo shí cèliáng gōngjiàn
❸ 走刀时 测量 工件　　　　　　　　　　　　　（　　）
measure the workpiece during feeding

zǒudāo shí qīngchú tiěxiè

④ 走刀 时清除 铁屑　　　　　　　　　　（　　）

remove iron filings during feeding

cāozuò shí， rén líkāi xǐchuáng

⑤ 操作 时，人 离开 铣床　　　　　　　　（　　）

the operator leaves the milling machine while operating

bānshou、 chuízi zhíjiē fàng gōngzuòtái shang

⑥ 扳手、锤子 直接放 工作台 上　　　　　（　　）

place wrenches and hammers directly on the worktable

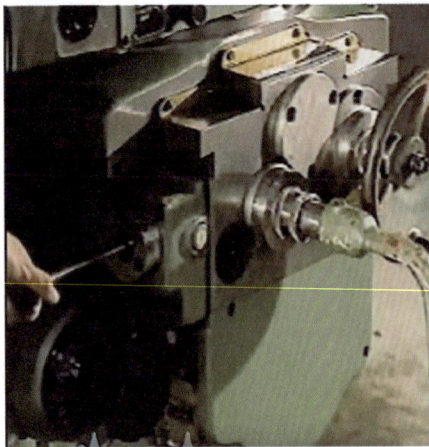

xǐchuáng bú yòng shí, gè shǒubǐng fàng kōngdǎng
⑦ 铣床 不用 时，各 手柄 放 空挡   （ ）
the handles are put in neutral gear when the milling machine is not in use

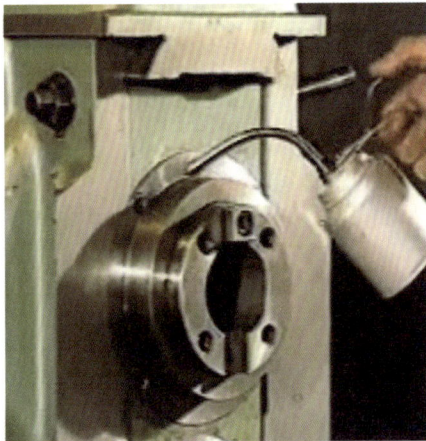

jíshí tiānjiā rùnhuáyóu
⑧ 及时 添加 润滑油   （ ）
add lubricating oil in time

五、小知识 xiǎo zhīshi Tips

Xǐdāo de xuánzhuǎn fāngxiàng hé gōngjiàn de jìnjǐ fāngxiàng xiāngtóng chēngwéi shùnxǐ,
铣刀的 旋转 方向 和 工件 的 进给 方向 相同 称为 顺铣，

xǐdāo de xuánzhuǎn fāngxiàng hé gōngjiàn de jìnjǐ fāngxiàng xiāngfǎn chēngwéi nìxǐ. Shùnxǐ huì
铣刀的 旋转 方向 和 工件 的 进给 方向 相反 称为 逆铣。顺铣 会

shǐ gōngjiàn biǎomiàn zhìliàng gèng hǎo, nìxǐ kěyǐ jìnxíng gèng dà fànwéi de xǐxiāo.
使 工件 表面 质量 更 好，逆铣 可以 进行 更 大 范围 的 铣削。

If the rotation direction of the milling cutter and the feed direction of the workpiece are the same, it is called down milling; if the rotation direction of the milling cutter and the feed direction of the workpiece are opposite, it is called up milling. The down milling results in better surface quality of the workpiece, while the up milling allows for a wider range of milling.

被削材　被削材

fz　fz

进给　进给

shùnxǐ
顺铣
down milling (climb milling)

nìxǐ
逆铣
up milling

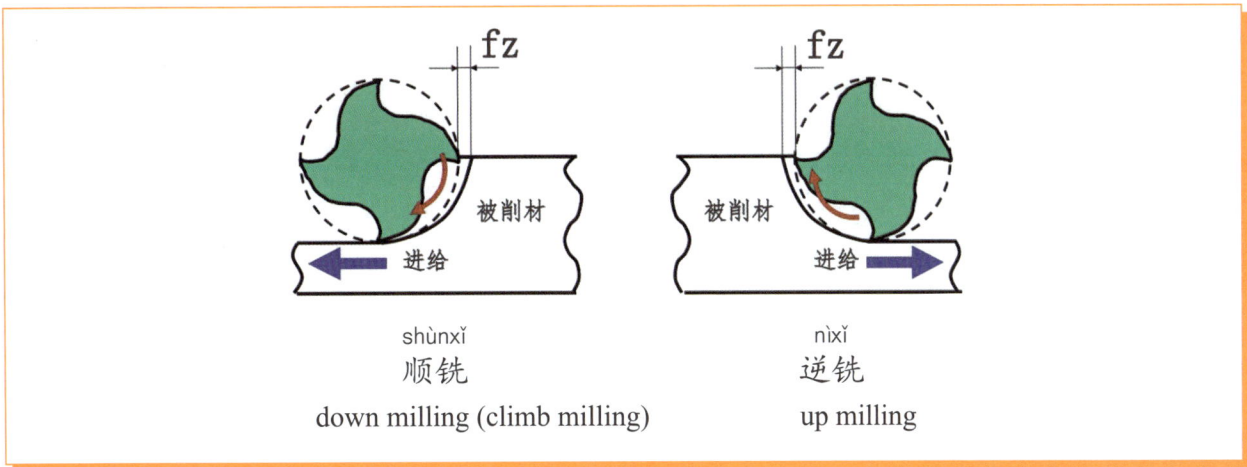

第二部分　Part 2

汉字　*Chinese Characters*

一、汉字知识　Hànzì zhīshi　Knowledge about Chinese Characters

1. 汉字的笔画（8）　Strokes of Chinese characters (8)

笔画 Strokes	名称 Names	例字 Examples
㇄	竖弯 shùwān	四
㇋	横折弯 héngzhéwān	没

2. 汉字的结构（4）　Structures of Chinese characters (4)

结构类型 Structure types	例字 Examples	结构图示 Illustrations
左右结构 Left-right structure	银 饭	▭
左中右结构 Left-middle-right structure	班 微	▭

二、汉字认读与书写　Hànzì rèndú yǔ shūxiě　The Recognition and Writing of Chinese Characters

认读下列词语，并试着读写构成词语的汉字。**Recognize the following words, and try to read and write the Chinese characters forming these words.**

铣削　　测量　　进给运动

铣			削			测			量		
进			给			运			动		

第三部分　Part 3

日常用语 *Daily Expressions*

❶ 你不能这样。Nǐ bù néng zhèyàng. You can't be like that.

❷ 我马上就到。Wǒ mǎshàng jiù dào. I will be there right away.

❸ 让我想想。Ràng wǒ xiǎngxiang. Let me think.

第四部分　Part 4

单元实训 *Unit Practical Training*

铣刀的安装、工件的装夹和铣床的操作
Installation of Milling Cutters, Clamping of Workpieces and Operation of Milling Machines

实训目的 Training purpose

通过本次实训，学生能够掌握铣刀的安装、工件的装夹和铣床的操作，了解铣床操作的注意事项和紧急情况的处理方式。

Through this practical training, the students are able to master the installation of milling cutters, clamping of workpieces and operation of milling machines, understand the precautions for the milling machine operation and the methods of handling emergencies.

实训组织 Training organization

每组 6 人，选举一人为组长。

Six students in each group, with a group leader.

实训步骤 Training steps

❶ 教师通过视频介绍铣刀的安装步骤和铣床的基本操作步骤，并介绍紧急情况的处理方式。

The teacher introduces the steps of milling cutter installation and the basic operating steps of milling machines through videos, and introduces the methods of handling emergencies.

❷ 学生完成课堂学习以后进入车间，每组选择一个铣床，在教师的指导下，轮流完成铣刀的安装、工件的装夹、铣床操作的完整流程。教师及时给小组成员指导并纠正。

After completing the learning in class, the students enter the workshop and each group selects a milling machine. Under the guidance of the teacher, they take turns to complete the whole process of milling cutter installation, workpiece clamping and milling machine operation. The teacher provides guidance and correction for the group members in time.

❸ 每个小组总结在实际操作中应注意的事项，并向全班做总结汇报。

Each group sums up the precautions during the practical operation and makes a summary report to the class.

❹ 教师点评。

The teacher comments.

第五部分　Part 5

单元小结　*Unit Summary*

普通词语　General Vocabulary

1.	夹住	jiāzhù	phr.	clamp
2.	固定	gùdìng	v.	fix
3.	为	wéi	v.	be
4.	主运动	zhǔ yùndòng	phr.	main movement
	运动	yùndòng	v.	move
5.	辅以	fǔ yǐ	phr.	supplemented by
6.	学员	xuéyuán	n.	student, trainee
7.	未经	wèi jīng	phr.	without
8.	不得	bùdé	aux.	not be allowed
9.	严禁	yánjìn	v.	strictly prohibit
10.	场地	chǎngdì	n.	workplace
11.	以防	yǐ fáng	phr.	prevent
12.	当	dāng	prep.	when
13.	遇到	yùdào	phr.	in case of, run into
14.	紧急情况	jǐnjí qíngkuàng	phr.	emergency
	紧急	jǐnjí	adj.	urgent
	情况	qíngkuàng	n.	situation
15.	立即	lìjí	adv.	immediately
16.	按下	ànxià	phr.	press
17.	并	bìng	conj.	and
18.	报告	bàogào	v.	report
19.	相关人员	xiāngguān rényuán	phr.	relevant personnel
	相关	xiāngguān	v.	be related
	人员	rényuán	n.	personnel

专业词语　Specialized Vocabulary

1.	机用虎钳	jīyòng hǔqián	phr.	machine vice
2.	铣头	xǐtóu	n.	milling head
3.	进给运动	jìnjǐ yùndòng	phr.	feed movement
4.	脚踏板	jiǎotàbǎn	n.	foot treadle
5.	急停按钮	jítíng ànniǔ	phr.	emergency stop button

cíyǔ
词语
Vocabulary

cíyǔ 词语 Vocabulary	补充专业词语 Supplementary Specialized Vocabulary			
	1.	铣夹头	xǐjiātóu	n.	milling chuck
	2.	走刀	zǒu//dāo	v.	feed
	3.	空挡	kōngdǎng	n.	neutral gear
	4.	顺铣	shùnxǐ	v.	down milling
	5.	逆铣	nìxǐ	v.	up milling

jùzi 句子 Sentences

1. 加工工件时，用机用虎钳夹住工件，固定在工作台上。
2. 铣床工作时，铣刀旋转为主运动，辅以工作台或铣头的进给运动。
3. 操作铣床时，穿工作服，戴工作帽，严禁戴手套操作。
4. 工作场地要有脚踏板，以防触电。
5. 当遇到紧急情况时，立即按下急停按钮，关闭电源，并报告相关人员。

9

Diànqì ānquán zhīshi
电气安全知识
Electrical Safety Knowledge

diànqì juéyuán
电气绝缘
Electrical Insulation

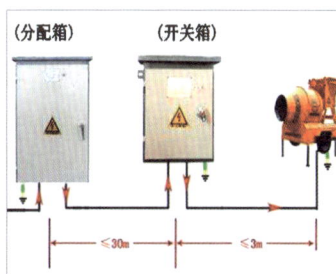

ānquán jùlí
安全距离
Safety Distance

diànqì ānquán zhīshi
电气安全知识
de héxīn nèiróng
的核心内容
Core Content of Electrical Safety
Knowledge

ānquán zàiliúliàng
安全载流量
Safe Current Carrying Capacity

ānquán biāozhì
安全标志
Safety Sign

fánghù yòngpǐn
防护用品
Protective Article

题解　Introduction

1. 学习内容：常用电气安全标识和安全防护用品、电气安全知识的重要性和核心内容。

   Learning content: The common electrical safety signs and safety protective articles, and the importance and core content of electrical safety knowledge

2. 知识目标：掌握与电气安全知识核心内容相关的关键词，了解汉字的笔画"⻖""乚"和全包围结构、半包围结构，学写相关汉字。

   Knowledge objectives: To master the keywords related to the core content of electrical safety knowledge, learn the strokes "⻖", "乚", the fully-enclosed structure and the semi-enclosed structure of Chinese characters, and write the related characters

3. 技能目标：能够熟悉在停电设备上工作时的安全操作规程。

   Skill objective: To be able to become familiar with safe operating procedures when working on power outage equipment

第一部分　Part 1

课文 Texts

一、热身　rèshēn　Warm-up

1. 给词语选择对应的图片。Choose the corresponding picture for each word.

A.　　　　　　　　B.　　　　　　　　C.

D.　　　　　　　　E.　　　　　　　　F.

① diànqì ānquán guàsuǒ
电气 安全 挂锁 _____
electrical safety padlock

② dāngxīn chùdiàn
当心 触电 _____
beware of electric shock

jìnzhǐ hézhá
❸ 禁止合闸 _____
do not switch on

gāoyā wēixiǎn
❹ 高压 危险 _____
Danger! High voltage

diànbǐ
❺ 电笔 _____
voltage tester

dāngxīn jìngdiàn
❻ 当心 静电 _____
beware of static electricity

2. 观看介绍常用电气安全防护用品的视频，将防护用品与名称相匹配。**Watch the video introducing common electrical safety protective articles and match the protective articles with the names.**

①

③

②

④

⑤

ānquánxié
A. 安全鞋 _____
safety shoes

juéyuán shǒutào
B. 绝缘 手套 _____
insulating gloves

gōngzuòfú
C. 工作服 _____
work clothes

ānquán shǒutào
D. 安全 手套 _____
safety gloves

ānquánmào
E. 安全帽 _____
safety helmet

二、课文　kèwén　Texts

A 🎧 09-01

Diànqì ānquán zhīshi　duìyú　ānquán shēngchǎn fēicháng zhòngyào.　Rúguǒ diànqì gōngzuò
电气安全知识对于安全　生产　非常　重要。如果电气工作

rényuán quēfá　bìyào　de diànqì ānquán zhīshi,　bùjǐn　huì zàochéng diànnéng làngfèi,　érqiě　huì
人员　缺乏必要的电气安全知识，不仅会　造成　电能　浪费，而且会

fāshēng diànqì　shìgù,　wēijí rénshēn ānquán,　gěi guójiā hé rénmín dàilái zhòngdà sǔnshī.
发生 电气 事故，危及人身安全，给国家和人民带来 重大 损失。

译文 yìwén Text in English

The electrical safety knowledge is vital to safe production. If electrical workers lack necessary electrical safety knowledge, it will not only cause the waste of electric energy, but also lead to electrical accidents, which endanger personal safety and cause heavy losses to the country and people.

普通词语 pǔtōng cíyǔ General Vocabulary　🎧 09-02

1.	知识	zhīshi	n.	knowledge
2.	对于	duìyú	prep.	with regard to
3.	非常	fēicháng	adv.	very
4.	缺乏	quēfá	v.	lack
5.	必要	bìyào	adj.	necessary
6.	不仅	bùjǐn	conj.	not only
7.	会	huì	aux.	will, be likely to
8.	造成	zàochéng	v.	cause
9.	浪费	làngfèi	v.	waste
10.	而且	érqiě	conj.	but also

11.	发生	fāshēng	v.	happen
12.	危及	wēijí	v.	endanger
13.	人身	rénshēn	n.	person
14.	给	gěi	prep.	to, with
15.	国家	guójiā	n.	country
16.	人民	rénmín	n.	people
17.	带来	dàilái	phr.	bring
18.	重大	zhòngdà	adj.	heavy
19.	损失	sǔnshī	n.	loss

专业词语 zhuānyè cíyǔ Specialized Vocabulary　🎧09-03

| 1. | 电气事故 | diànqì shìgù | phr. | electrical accident |

B　🎧09-04

Diànqì huǒzāi shì diànqì ānquán zhòngyào de yǐnhuàn zhīyī,　dàyuē zhàn huǒzāi zǒngshù de
电气火灾是电气安全 重要 的 隐患 之一，大约 占 火灾 总数 的

bǎi fēn zhī èrshí yǐshàng.　Diànqì huǒzāi zhǔyào bāokuò lòudiàn huǒzāi、　duǎnlù huǒzāi、　guòfùhè
百分之二十 以上。电气火灾主要包括 漏电火灾、短路火灾、过负荷

huǒzāi hé jiēchù diànzǔ guò dà huǒzāi.
火灾和接触 电阻 过大火灾。

译文 yìwén Text in English

　　Electrical fire is one of the important hidden dangers of electrical safety, which approximately accounts for more than 20% of the total fires. Electrical fire mainly includes leakage fire, short-circuit fire, overload fire and excessive contact resistance fire.

普通词语 pǔtōng cíyǔ General Vocabulary 🎧 09-05

1.	火灾	huǒzāi	n.	fire
2.	隐患	yǐnhuàn	n.	hidden danger
3.	之一	zhīyī	n.	one of
4.	大约	dàyuē	adv.	approximately
5.	占	zhàn	v.	account for
6.	总数	zǒngshù	n.	total
7.	百分之……	bǎi fēn zhī…	phr.	per cent
8.	二十	èrshí	num.	twenty
9.	以上	yǐshàng	n.	above
10.	过大	guò dà	phr.	excessive

专业词语 zhuānyè cíyǔ Specialized Vocabulary 🎧 09-06

1.	漏电	lòu//diàn	v.	(of electricity) leak
2.	短路	duǎnlù	v.	short-circuit
3.	过负荷	guòfùhè	v.	overload
4.	接触电阻	jiēchù diànzǔ	phr.	contact resistance
	接触	jiēchù	v.	contact
	电阻	diànzǔ	n.	electric resistance

三、视听说 shì-tīng-shuō Viewing, Listening and Speaking

观看介绍电气安全知识核心内容的视频，将左侧核心内容与右侧具体含义连线。**Watch the video introducing the core content of electrical safety knowledge, and connect the core content on the right to the specific meanings on the right.**

diànqì ānquán zhīshi de héxīn nèiróng
电气安全知识的核心内容
Core Content of Electrical Safety Knowledge

diànqì juéyuán
① 电气 绝缘
electrical insulation

ānquán jùlí
② 安全 距离
safety distance

ānquán zàiliúliàng
③ 安全 载流量
safe current carrying
capacity

ānquán biāozhì
④ 安全 标志
safety sign

fánghù yòngpǐn
⑤ 防护 用品
protective article

diànqì gōngzuò shí yào chuāndài de ānquán fánghù yòngpǐn
A. 电气 工作 时要 穿戴 的安全 防护 用品
safety protective articles to wear during electrical work

bǎozhèng yòng diàn ānquán de zhòngyào yīnsù
B. 保证 用 电安全的 重要 因素
an important factor to ensure electrical safety

bǎozhèng rénshēn ānquán hé diànqì zhèngcháng gōngzuò de zuì jīběn
C. 保证 人身 安全和电气 正常 工作 的最基本
yīnsù
因素
the most basic factor to ensure personal safety and normal
electrical operation

réntǐ huò wùtǐ jiējìn dàidiàntǐ ér bù fāshēng wēixiǎn de ānquán
D. 人体或物体接近带电体而不发生危险的安全
jùlí
距离
safety distance at which the human body or object can
approach the charged body without danger

yǔnxǔ tōngguò dǎotǐ nèibù de diànliúliàng
E. 允许 通过 导体内部 的电流量
amount of current allowed to pass through the interior of a
conductor

四、学以致用 xuéyǐzhìyòng Practicing What You Have Learnt

观看介绍停电时安全技术措施的视频，将各项措施按照先后关系排序。**Watch the video introducing the safety technical measures during a power outage, and arrange the measures in order of precedence.**

tíngdiàn shí de ānquán jìshù cuòshī
停电 时的安全技术措施
Safety Technical Measures during a Power Outage

shèzhì línshí zhēlán
A. 设置 临时 遮拦
set up temporary blocks

xuánguà biāoshípái
B. 悬挂 标识牌
hang signs

yàndiàn
C. 验电
verification of live part

tíngdiàn
D. 停电
power outage

zhuāngshè jiēdìxiàn
E. 装设 接地线
install ground wires

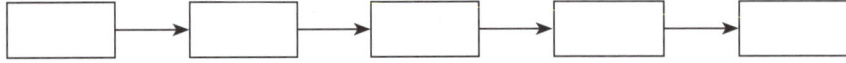

□ → □ → □ → □ → □

五、小知识　xiǎo zhīshi　Tips

Chējiān yòng diàn ānquán chángshí yìbān bāokuò yòng diàn ānquán biāozhì、 ānquán diànyā、
车间 用 电安全 常识一般包括用 电安全 标志、安全 电压、

ānquán diànliú、 shèbèi jiēdì bǎohù děng.
安全 电流、设备接地保护 等。

The electrical safety knowledge in the workshop usually includes electrical safety signs, safe voltage, safe current, equipment grounding protection and so on.

10 mA

ānquán diànliú
安全 电流
safe current

24 V

ānquán diànyā
安全 电压
safe voltage

ānquán biāozhì
安全 标志
safety sign

shèbèi jiēdì bǎohù
设备接地保护
equipment grounding protection

第二部分 Part 2

汉字 *Chinese Characters*

一、汉字知识 Hànzì zhīshi Knowledge about Chinese Characters

1. 汉字的笔画（9） **Strokes of Chinese characters (9)**

笔画 Strokes	名称 Names	例字 Examples
㇌	横折折撇 héngzhézhépiě	延、建
㇜	竖折撇 shùzhépiě	专

2. 汉字的结构（5） **Structures of Chinese characters (5)**

结构类型 Structure types	例字 Examples	结构图示 Illustrations
全包围结构 Fully-enclosed structure	国	▣
半包围结构 Semi-enclosed structure	医 边 问 唐 凶	◳ ◲ ◳ ◱ ▱

二、汉字认读与书写 Hànzì rèndú yǔ shūxiě The Recognition and Writing of Chinese Characters

认读下列词语，并试着读写构成词语的汉字。**Recognize the following words, and try to read and write the Chinese characters forming these words.**

安全距离　安全用电　防护用品

安		全		距		离	
安		全		用		电	
防		护		用		品	

第三部分　Part 3

日常用语 *Daily Expressions*

❶ 我该怎么办？ Wǒ gāi zěnme bàn? What shall I do?

❷ 麻烦你告诉我他的电话号码。Máfan nǐ gàosù wǒ tā de diànhuà hàomǎ. Would you please tell me his phone number?

❸ 真不好意思，我忘了给你打电话。Zhēn bù hǎoyìsi, wǒ wàngle gěi nǐ dǎ diànhuà. Sorry, I forgot to phone you.

第四部分　Part 4

单元实训 *Unit Practical Training*

车间安全用电
Electrical Safety in a Workshop

实训目的 Training purpose

通过本次实训，学生能够认识各种用电安全标志并了解防护用品的使用方法。

Through this practical training, the students are able to know various electrical safety signs and understand the usage of protective articles.

实训组织 Training organization

每组 6 人，另设一人为主持人，一人为记分员。

Six students in each group, with one as the host and another one as the scorekeeper.

实训步骤 Training steps

❶ 主持人讲解游戏规则，宣布开始。

The host explains the game rules and announces the beginning.

❷ 用电安全标志抢答：主持人随机抽出一个电气安全标志，小组成员抢答，记分员记录每位成员的得分。主持人根据最终得分宣布获胜者。

Electrical safety signs quiz: The host draws an electrical safety sign randomly, the group members rush to answer, and the scorekeeper keeps the score of each member. The host announces the winner based on the final scores.

❸ 学生认识完电气安全标志以后，进入车间或实训场地。

After recognizing the electrical safety signs, the students enter the workshop or practical training site.

❹ 教师现场演示安全用电的操作，并讲解防护用品的使用方法。

The teacher demonstrates the operation of utilizing electric power safely and explains the usage of protective articles.

❺ 学生在各自所在小组里进行说明并模仿。

The students illustrate and mimic in their groups.

❻ 教师点评。

The teacher comments.

第五部分　Part 5

单元小结　*Unit Summary*

普通词语　General Vocabulary

1.	知识	zhīshi	n.	knowledge
2.	对于	duìyú	prep.	with regard to
3.	非常	fēicháng	adv.	very
4.	缺乏	quēfá	v.	lack
5.	必要	bìyào	adj.	necessary
6.	不仅	bùjǐn	conj.	not only
7.	会	huì	aux.	will, be likely to
8.	造成	zàochéng	v.	cause
9.	浪费	làngfèi	v.	waste
10.	而且	érqiě	conj.	but also
11.	发生	fāshēng	v.	happen
12.	危及	wēijí	v.	endanger
13.	人身	rénshēn	n.	person
14.	给	gěi	prep.	to, with
15.	国家	guójiā	n.	country
16.	人民	rénmín	n.	people
17.	带来	dàilái	phr.	bring
18.	重大	zhòngdà	adj.	heavy
19.	损失	sǔnshī	n.	loss
20.	火灾	huǒzāi	n.	fire
21.	隐患	yǐnhuàn	n.	hidden danger
22.	之一	zhīyī	n.	one of
23.	大约	dàyuē	adv.	approximately
24.	占	zhàn	v.	account for
25.	总数	zǒngshù	n.	total
26.	百分之……	bǎi fēn zhī…	phr.	per cent
27.	二十	èrshí	num.	twenty
28.	以上	yǐshàng	n.	above
29.	过大	guò dà	phr.	excessive

专业词语　Specialized Vocabulary

1.	电气事故	diànqì shìgù	phr.	electrical accident
2.	漏电	lòu//diàn	v.	(of electricity) leak

cíyǔ
词语
Vocabulary

3.	短路	duǎnlù	v.	short-circuit
4.	过负荷	guòfùhè	v.	overload
5.	接触电阻	jiēchù diànzǔ	phr.	contact resistance
	接触	jiēchù	v.	contact
	电阻	diànzǔ	n.	electric resistance

cíyǔ
词语
Vocabulary

补充专业词语　Supplementary Specialized Vocabulary

1.	挂锁	guàsuǒ	n.	padlock
2.	高压	gāoyā	n.	high voltage
3.	电笔	diànbǐ	n.	voltage tester
4.	静电	jìngdiàn	n.	static electricity
5.	绝缘	juéyuán	v.	insulate
6.	载流量	zàiliúliàng	n.	current carrying capacity
7.	接地线	jiēdìxiàn	n.	ground wire

jùzi
句子
Sentences

1. 电气安全知识对于安全生产非常重要。
2. 如果电气工作人员缺乏必要的电气安全知识，不仅会造成电能浪费，而且会发生电气事故，危及人身安全，给国家和人民带来重大损失。
3. 电气火灾是电气安全重要的隐患之一，大约占火灾总数的百分之二十以上。
4. 电气火灾主要包括漏电火灾、短路火灾、过负荷火灾和接触电阻过大火灾。

10

Cháng yòng diànqì kāiguān
常用 电气开关
Common Electric Switches

cháng jiàn ànniǔ kāiguān de
常见 按钮开关的
zhǒnglèi jí tèdiǎn
种类及特点
Types and Characteristics of
Common Push-Button Switches

bǎohùshì
保护式
Protective Type

fángshuǐshì
防水式
Waterproof Type

fángfǔshì
防腐式
Anti-Corrosion Type

fángbàoshì
防爆式
Explosion-Proof Type

题解　**Introduction**

1. 学习内容：常用电气开关的名称和作用、按钮开关和旋钮开关的区别和各自的特性。
   Learning content: The names and functions of common electric switches, the difference between push-button switches and rotary switches and their respective characteristics
2. 知识目标：掌握与按钮开关类别相关的关键词，复习汉字的笔画、笔顺和结构，学写相关汉字。
   Knowledge objectives: To master the keywords related to the types of push-button switches, review the strokes, stroke orders and structures of Chinese characters, and write the related characters
3. 技能目标：能够根据使用需要选择正确的开关。
   Skill objective: To be able to choose the right switches based on usage needs

第一部分　Part 1

课文　*Texts*

一、热身　rèshēn　Warm-up

1. 给词语选择对应的图片。**Choose the corresponding picture for each word.**

A.

B.

C.

D.

E.

F.

① diànyuán zǒngzhá
电源 总闸 ＿＿＿＿＿＿＿＿
main power switch

② jítíng ànniǔ
急停 按钮＿＿＿＿＿＿＿＿
emergency stop button

③ shèbèi zhǔkāiguān
设备 主开关＿＿＿＿＿＿＿＿
device master switch

④ zhuàngtài zhǐshìdēng
状态 指示灯＿＿＿＿＿＿＿＿
status indicator lamp

⑤ qǐdòng ànniǔ
启动 按钮＿＿＿＿＿＿＿＿
start button

⑥ tíngzhǐ ànniǔ
停止 按钮＿＿＿＿＿＿＿＿
stop button

2. 观看介绍常见按钮开关的类别及特点的视频，将图片中的按钮与其特点连线。**Watch the video introducing the types and characteristics of common push-button switches, and connect the buttons in the pictures to their characteristics.**

cháng jiàn ànniǔ kāiguān de zhǒnglèi jí tèdiǎn
常 见 按 钮 开 关 的 种 类 及 特 点
Types and Characteristics of Common Push-Button Switches

bǎohùshì
❶ 保护式
protective type

néng fángzhǐ fǔshíxìng qìtǐ qīnrù
A. 能 防止 腐蚀性 气体 侵入
can prevent intrusion of corrosive gas

fángshuǐshì
❷ 防水式
waterproof type

zài méikuàng děng chǎngsuǒ shǐyòng, bù yǐnqǐ chuánbào
B. 在 煤矿 等 场所 使用 ，不 引起 传爆
can be used in coal mines and other places without causing transmission of detonation

fángfǔshì
❸ 防腐式
anti-corrosion type

dài bǎohù wàiké, fángzhǐ rén chùjí dàidiàn bùfen
C. 带 保护 外壳 ，防止 人 触及 带电 部分
with a protective casing to prevent people from touching the live parts

fángbàoshì
❹ 防爆式
explosion-proof type

dài mìfēng wàiké, fángzhǐ yǔshuǐ qīnrù
D. 带 密封 外壳 ，防止 雨水 侵入
with a sealed casing to prevent intrusion of rainwater

二、课文　kèwén　Texts

A　🎧 10-01

Ànniǔ　kāiguān shì lìyòng ànniǔ tuīdòng chuándòng jīgòu,　shǐ dòngchùdiǎn yǔ jìngchùdiǎn
按钮 开关 是 利用 按钮 推动　传动　机构，　使 动触点 与 静触点

liántōng huò duànkāi de kāiguān.　Ànniǔ kāiguān shì yì zhǒng jiégòu jiǎndān、yìngyòng shífēn guǎngfàn
连通 或 断开 的 开关。　按钮开关 是 一 种 结构简单、应用 十分 广泛

de zhǔlìng diànqì.
的 主令电器。

译文 yìwén Text in English

A push-button switch is a switch that uses a button to push the transmission mechanism to connect or disconnect the movable contact and stationary contact. It is a master switch with simple structure and wide application.

普通词语　pǔtōng cíyǔ　General Vocabulary　🎧 10-02

1.	推动	tuī//dòng	v.	push
2.	连通	liántōng	v.	connect
	通	tōng	v.	be connected
3.	或	huò	conj.	or
4.	断开	duànkāi	phr.	disconnect
	断	duàn	v.	be disconnected
5.	结构	jiégòu	n.	structure
6.	简单	jiǎndān	adj.	simple
7.	应用	yìngyòng	v.	apply
8.	十分	shífēn	adv.	very

专业词语　zhuānyè cíyǔ　Specialized Vocabulary　🎧 10-03

1.	按钮开关	ànniǔ kāiguān	phr.	push-button switch
	开关	kāiguān	n.	switch

2.	传动机构	chuándòng jīgòu	phr.	transmission mechanism
	机构	jīgòu	n.	mechanism
3.	动触点	dòngchùdiǎn	n.	movable contact
4.	静触点	jìngchùdiǎn	n.	stationary contact
5.	主令电器	zhǔlìng diànqì	phr.	master switch
	电器	diànqì	n.	electrical appliance

B 🎧 10-04

Xuánniǔ kāiguān shì yǐ xuánzhuǎn shǒubǐng lái kòngzhì zhǔchùdiǎn tōng duàn de yì zhǒng kāiguān.
旋钮 开关 是 以 旋转 手柄 来 控制 主触点 通 断 的 一种 开关。

Zhěngtǐ cǎiyòng mìfēng jiégòu, yǒu yídìng de fángshuǐ xiàoguǒ, zài dǎngwèi
整体 采用 密封结构，有 一定 的 防水 效果，在 挡位

shang yǒu liǎng dǎng huòzhě sān dǎng de qūbié.
上 有 两 挡 或者 三 挡 的 区别。

译文 yìwén Text in English

A rotary switch is a kind of switch that uses a rotation handle to control the connection or disconnection of the main contact. Adopting an integral sealed structure, it has a certain waterproof effect, and there is a difference of two or three gears in the gears.

普通词语 pǔtōng cíyǔ General Vocabulary 🎧 10-05

1.	以	yǐ	prep.	using, by means of
2.	整体	zhěngtǐ	n.	whole
3.	采用	cǎiyòng	v.	adopt, use
4.	密封	mìfēng	v.	seal
5.	一定	yídìng	adj.	certain
6.	防水	fáng//shuǐ	v.	be waterproof
7.	效果	xiàoguǒ	n	effect
8.	两	liǎng	num.	two
9.	或者	huòzhě	conj.	or
10.	区别	qūbié	n.	difference

专业词语 zhuānyè cíyǔ Specialized Vocabulary 🎧 10-06

| 1. | 旋钮开关 | xuánniǔ kāiguān | phr. | rotary switch |
| | 旋钮 | xuánniǔ | n. | knob |

2.	主触点	zhǔchùdiǎn	n.	main contact
3.	挡位	dǎngwèi	n.	gear
4.	挡	dǎng	n.	gear

三、视听说　shì-tīng-shuō　Viewing, Listening and Speaking

观看介绍按钮开关和旋钮开关区别的视频，将两种开关与其特性连线，并说说它们的区别。**Watch the video introducing the difference between push-button switches and rotary switches, connect the two switches to their characteristics, and talk about their differences.**

ànniǔ kāiguān hé xuánniǔ kāiguān de qūbié
按钮 开关 和 旋钮 开关 的 区别
Difference between Push-Button Switches and Rotary Switches

zhěngtǐ cǎiyòng mìfēng jiégòu
A. 整体 采用 密封 结构
adopting an integral sealed structure

ànniǔ kāiguān
❶ 按钮 开关
push-button switch

zhǐ yǒu kāi 、 guān liǎng zhǒng zhuàngtài
B. 只有开、关 两 种 状态
with only two states: on and off

yǐ xuánzhuǎn shǒubǐng kòngzhì zhǔchùdiǎn tōng duàn
C. 以 旋转 手柄 控制 主触点 通 断
using a rotation handle to control the connection or disconnection of the main contact

yǒu liǎng dǎng hé sān dǎng de qūbié
D. 有 两 挡 和 三 挡 的 区别
with a difference of two or three gears

xuánniǔ kāiguān
❷ 旋钮 开关
rotary switch

jiégòu jiǎndān, shǐyòng guǎngfàn
E. 结构 简单, 使用 广泛
with simple structure and wide application

lìyòng ànniǔ tuīdòng chuándòng jīgòu, shǐ dòngchùdiǎn hé
F. 利用 按钮 推动 传动 机构, 使 动触点 和
jìngchùdiǎn liántōng huò duànkāi
静触点 连通 或 断开
using a button to push the transmission mechanism to connect or disconnect the movable contact and stationary contact

四、学以致用 xuéyǐzhìyòng Practicing What You Have Learnt

观看介绍铣床各个开关作用的视频，并根据实际需要选择合适的开关。**Watch the video introducing the functions of different switches on a milling machine, and choose the appropriate switches according to the actual needs.**

xǐchuáng de kāiguān jí zuòyòng
铣床 的 开关 及 作用
Switches on a Milling Machine and Their Functions

zhàomíngdēng xuánniǔ kāiguān
F. 照明灯 旋钮 开关
rotary switch of the lighting lamp

xuánniǔshì zhǔkāiguān
E. 旋钮式 主开关
rotary main switch

jítíng ànniǔ
A. 急停 按钮
emergency stop button

diǎndòng ànniǔ
B. 点动 按钮
inching button

qǐdòng ànniǔ
C. 启动 按钮
start button

tíngzhǐ ànniǔ
D. 停止 按钮
stop button

① kòngzhì jīchuáng zhǔdiànlù de tōng duàn
控制 机床 主电路的通 断 _____
controlling the on and off of the machine tool's main circuit

② jǐnjí qíngkuàng xià zhìdòng
紧急 情况 下制动 _____
braking under emergencies

③ xǐchuáng zhǔzhóu tíngzhuàn
铣床 主轴 停转 _____
stopping the rotation of the milling machine spindle

④ gōngzuòtái yídòng
工作台 移动 _____
moving the worktable

⑤ xǐchuáng zhǔzhóu zhuàndòng
铣床 主轴 转动 _____
rotating the milling machine spindle

⑥ kòngzhì zhàomíngdēng
控制 照明灯 _____
controlling the lighting lamp

五、小知识　xiǎo zhīshi　Tips

Shèbèi shang cháng yòng de kāiguān bāokuò diànyuán zǒngzhá、 shèbèi zhǔkāiguān、 qǐdòng
设备 上 常 用 的开关 包括 电源 总闸、设备 主开关、启动

ànniǔ、 tíngzhǐ ànniǔ hé jítíng ànniǔ děng.
按钮、停止按钮和急停按钮 等。

Common switches on equipment include main power switches, equipment master switches, start buttons, stop buttons, emergency stop buttons and so on.

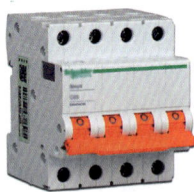

diànyuán zǒngzhá
电源 总闸
main power switch

shèbèi zhǔkāiguān
设备 主开关
equipment master switch

tíngzhǐ hé qǐdòng ànniǔ
停止 和 启动 按钮
stop and start buttons

jítíng ànniǔ
急停 按钮
emergency stop button

第二部分　Part 2
汉字　*Chinese Characters*

一、汉字知识　Hànzì zhīshi　Knowledge about Chinese Characters

1. 汉字的笔画（总表） Strokes of Chinese characters (general table)

一	丨	丿	乀	丶	𠃌	𡿨
乚	乛	亅	丿	乚	乀	丨
乛	乀	乀	乚	𠃌	乙	乛
乛	乛	乀	乚	乚	乛	乚

2. 汉字的笔顺（总表） Stroke orders of Chinese characters (general table)

笔顺规则 Rules of stroke orders	例字 Examples
先横后竖	十
先撇后捺	人、八
先上后下	三
先左后右	人
先中间后两边	小
先外边后里边	问
先外后里再封口	国、日

3. 汉字的结构（总表） Structures of Chinese characters (general table)

类型 Structure types	结构图示 Illustrations	例字 Examples
独体结构	□	生、不
品字形结构	⊟	品
上下结构	⊟ ⊟	爸、节
上中下结构	☰	意
左右结构	⊞	银、饭
左中右结构	Ⅲ	班、微
全包围结构	▣	国
半包围结构	⌐ ⌐ ⌐ ⌐ ⌐	医、边、问、唐、凶

二、汉字认读与书写　Hànzì rèndú yǔ shūxiě　The Recognition and Writing of Chinese Characters

认读下列词语，并试着读写构成词语的汉字。**Recognize the following words, and try to read and write the Chinese characters forming these words.**

保护式　　防水式　　防腐式

保			护			式						
防			水			式						
防			腐			式						

第三部分　Part 3

日常用语 *Daily Expressions*

1 谢谢你的礼物，我很喜欢。Xièxie nǐ de lǐwù, wǒ hěn xǐhuan. Thanks for your gift. I like it very much.

2 谢谢您的邀请，我一定去。Xièxie nín de yāoqǐng, wǒ yídìng qù. Thanks for your invitation. I will go for sure.

3 我该走了，再见。Wǒ gāi zǒu le, zàijiàn. I've got to go. Bye.

第四部分　Part 4

单元实训 *Unit Practical Training*

常用开关的名称和作用
Names and Functions of Common Switches

实训目的 Training purpose

通过本次实训，学生能够认识各种常用开关及其作用，掌握常用开关的操作方法。

Through this practical training, the students are able to know various common switches and their functions, and master the operating methods of common switches.

实训组织 Training Organization

每组 6 人，另设一人为主持人。

Six students in each group, with another student as the host.

实训步骤 Training steps

1 主持人讲解游戏规则。

The host explains the game rules.

2 按名称找图片：主持人宣布开始，3 名学生举起名称的牌子，另 3 名手持图片的学生迅速根据名称配对。

Finding pictures according to names: The host announces the beginning, three students hold up name cards, and the other three holding pictures match quickly according to the names.

❸ 按图片找名称：主持人随机安排某名学生出示手中开关图片，其他学生迅速找到名称牌子并大声读出。

Finding names according to pictures: The host randomly arranges one student to present the picture of a switch in his/her hand, other students find the name card quickly and read it out loud.

❹ 学生在课堂上完成练习以后进入车间，教师演示如何合上电源总闸、主开关，如何启动、停止设备，以及如何使用急停按钮。

After completing the practice in class, the students enter the workshop, and the teacher demonstrates how to switch on the main power switch and master switch, to stop and start the device, and to use the emergency stop button.

❺ 学生分组练习。

The students practice in groups.

❻ 教师点评。

The teacher comments.

第五部分　Part 5

单元小结 *Unit Summary*

cíyǔ
词语
Vocabulary

普通词语　General Vocabulary

1.	推动	tuī//dòng	v.	push
2.	连通	liántōng	v.	connect
	通	tōng	v.	be connected
3.	或	huò	conj.	or
4.	断开	duànkāi	phr.	disconnect
	断	duàn	v.	be disconnected
5.	结构	jiégòu	n.	structure
6.	简单	jiǎndān	adj.	simple
7.	应用	yìngyòng	v.	apply
8.	十分	shífēn	adv.	very
9.	以	yǐ	prep.	using, by means of
10.	整体	zhěngtǐ	n.	whole
11.	采用	cǎiyòng	v.	adopt, use
12.	密封	mìfēng	v.	seal
13.	一定	yídìng	adj.	certain
14.	防水	fáng//shuǐ	v.	be waterproof
15.	效果	xiàoguǒ	n	effect
16.	两	liǎng	num.	two
17.	或者	huòzhě	conj.	or
18.	区别	qūbié	n.	difference

专业词语　Specialized Vocabulary

1.	按钮开关	ànniǔ kāiguān	phr.	push-button switch
	开关	kāiguān	n.	switch
2.	传动机构	chuándòng jīgòu	phr.	transmission mechanism
	机构	jīgòu	n.	mechanism
3.	动触点	dòngchùdiǎn	n.	movable contact
4.	静触点	jìngchùdiǎn	n.	stationary contact
5.	主令电器	zhǔlìng diànqì	phr.	master switch
	电器	diànqì	n.	electrical appliance
6.	旋钮开关	xuánniǔ kāiguān	phr.	rotary switch
	旋钮	xuánniǔ	n.	knob
7.	主触点	zhǔchùdiǎn	n.	main contact
8.	挡位	dǎngwèi	n.	gear
9.	挡	dǎng	n.	gear

补充专业词语　Supplementary Specialized Vocabulary

1.	电源总闸	diànyuán zǒngzhá	phr.	main power switch
2.	主开关	zhǔkāiguān	n.	master switch
3	状态指示灯	zhuàngtài zhǐshìdēng	phr.	status indicator lamp
4.	停止按钮	tíngzhǐ ànniǔ	phr.	stop button
5.	启动按钮	qǐdòng ànniǔ	phr.	start button
6.	点动按钮	diǎndòng ànniǔ	phr.	inching button

1. 按钮开关是利用按钮推动传动机构，使动触点与静触点连通或断开的开关。
2. 按钮开关是一种结构简单、应用十分广泛的主令电器。
3. 旋钮开关是以旋转手柄来控制主触点通断的一种开关。
4. 旋钮开关整体采用密封结构，有一定的防水效果，在挡位上有两挡或者三挡的区别。

词汇总表　Vocabulary

序号	生词	拼音	词性	词义	普通G 专业S	所属 单元
1	按钮	ànniǔ	n.	button	S	4
2	按钮开关	ànniǔ kāiguān	phr.	push-button switch	S	10A
3	按下	ànxià	phr.	press	G	8B
4	百分之……	bǎi fēn zhī…	phr.	per cent	G	9B
5	半剖视图	bànpōu shìtú	phr.	semi-sectional view	S	1
6	保养	bǎoyǎng	v.	maintain	G	4B
7	报告	bàogào	v.	report	G	8B
8	必要	bìyào	adj.	necessary	G	9A
9	避免	bìmiǎn	v.	avoid	G	6A
10	变换	biànhuàn	v.	alter, change	G	5B
11	并	bìng	conj.	and	G	8B
12	不得	bùdé	aux.	not be allowed	G	8B
13	不仅	bùjǐn	conj.	not only	G	9A
14	不同	bù tóng	phr.	different	G	4A
15	部件	bùjiàn	n.	component	G	7B
16	部位	bùwèi	n.	part	G	7B
17	采用	cǎiyòng	v.	adopt, use	G	10B
18	常见	cháng jiàn	phr.	common	G	1B
19	场地	chǎngdì	n.	workplace	G	8B
20	车刀	chēdāo	n.	lathe tool	S	5A
21	车头	chētóu	n.	headstock	S	6B
22	车削	chēxiāo	v.	turn	S	5A
23	成	chéng	v.	become	G	3B
24	程序	chéngxù	n.	program	G	2B
25	齿轮	chǐlún	n.	gear	S	2
26	传动机构	chuándòng jīgòu	phr.	transmission mechanism	S	10A
27	床鞍	chuáng'ān	n.	saddle	S	5
28	床身	chuángshēn	n.	lathe bed	S	5A
29	床头箱	chuángtóuxiāng	n.	headstock	S	5B
30	垂直度	chuízhídù	n.	perpendicularity	S	1
31	粗糙度	cūcāodù	n.	roughness	S	2A

（续表）

序号	生词	拼音	词性	词义	普通G 专业S	所属单元
32	大约	dàyuē	adv.	approximately	G	9B
33	代表	dàibiǎo	v.	represent	G	2B
34	带动	dàidòng	v.	drive	G	5B
35	带来	dàilái	phr.	bring	G	9A
36	当	dāng	prep.	when	G	8B
37	挡	dǎng	n.	gear	S	10B
38	挡护屏	dǎnghùpíng	n.	protective shield	S	6B
39	挡位	dǎngwèi	n.	gear	S	10B
40	刀架	dāojià	n.	tool carrier	S	5A
41	刀具	dāojù	n.	cutter, tool	S	4A
42	倒角	dǎojiǎo	n.	chamfer	S	5
43	得到	dé//dào	v.	get, obtain	G	5B
44	底座	dǐzuò	n.	base	S	3B
45	点	diǎn	m.	point	G	7B
46	点动按钮	diǎndòng ànniǔ	phr.	inching button	S	10
47	电笔	diànbǐ	n.	voltage tester	S	9
48	电动机	diàndòngjī	n.	motor	S	3B
49	电机	diànjī	n.	electric machinery	S	2
50	电能	diànnéng	n.	electric energy	G	3B
51	电气事故	diànqì shìgù	phr.	electrical accident	S	9A
52	电器	diànqì	n.	electrical appliance	S	10A
53	电源	diànyuán	n.	power supply	G	4B
54	电源总闸	diànyuán zǒngzhá	phr.	main power switch	S	10
55	电阻	diànzǔ	n.	electric resistance	S	9B
56	定位公差	dìngwèi gōngchā	phr.	location tolerance	S	1B
57	定向公差	dìngxiàng gōngchā	phr.	orientation tolerance	S	1B
58	动触点	dòngchùdiǎn	n.	movable contact	S	10A
59	动力	dònglì	n.	power, impetus	G	3B
60	端面	duānmiàn	n.	end face	S	5
61	短路	duǎnlù	v.	short-circuit	S	9B
62	断	duàn	v.	be disconnected	G	10A
63	断开	duànkāi	phr.	disconnect	G	10A
64	断面图	duànmiàntú	n.	cross-section diagram	S	1A

（续表）

序号	生词	拼音	词性	词义	普通G 专业S	所属单元
65	断屑器	duànxièqì	n.	chip breaker	S	6B
66	对	duì	prep.	to	G	4B
67	对称度	duìchèndù	n.	symmetry	S	1
68	对于	duìyú	prep.	with regard to	G	9A
69	而且	érqiě	conj.	but also	G	9A
70	二十	èrshí	num.	twenty	G	9B
71	发生	fāshēng	v.	happen	G	9A
72	发展	fāzhǎn	v.	develop	G	2B
73	反	fǎn	adj.	reverse	G	6B
74	反刹车	fǎn shāchē	phr.	reverse brake	G	6B
75	方	fāng	adv.	just, only	G	4B
76	方向	fāngxiàng	n.	direction	G	2B
77	防水	fáng//shuǐ	v.	be waterproof	G	10B
78	防止	fángzhǐ	v.	prevent	G	6A
79	非常	fēicháng	adv.	very	G	9A
80	符号	fúhào	n.	symbol	G	1B
81	俯视图	fǔshìtú	n.	top view	S	1
82	辅以	fǔ yǐ	phr.	supplemented by	G	8A
83	高速	gāosù	adj.	high-speed	G	6B
84	高压	gāoyā	n.	high voltage	S	9
85	给	gěi	prep.	to, with	G	9A
86	工程	gōngchéng	n.	engineering	G	1A
87	工艺	gōngyì	n.	technology	G	3A
88	沟槽	gōucáo	n.	groove	S	2
89	固定	gùdìng	v.	fix	G	8A
90	挂锁	guàsuǒ	n.	padlock	S	9
91	关闭	guānbì	v.	close, shut	G	4B
92	光杠	guānggàng	n.	feed rod	S	5A
93	广泛	guǎngfàn	adj.	wide, broad	G	7A
94	滚花	gǔnhuā	n.	knurling	S	2
95	国家	guójiā	n.	country	G	9A
96	过大	guò dà	phr.	excessive	G	9B
97	过负荷	guòfùhè	v.	overload	S	9B

（续表）

序号	生词	拼音	词性	词义	普通 G 专业 S	所属单元
98	横梁	héngliáng	n.	beam	S	3
99	后视图	hòushìtú	n.	rear view	S	1
100	划破	huápò	phr.	cut	G	6A
101	滑板	huábǎn	n.	slide plate	S	5
102	会	huì	aux.	will, be likely to	G	9A
103	绘图	huìtú	v.	map, sketch	G	1A
104	火灾	huǒzāi	n.	fire	G	9B
105	或	huò	conj.	or	G	10A
106	或者	huòzhě	conj.	or	G	10B
107	机床	jīchuáng	n.	machine tool	S	2A
108	机构	jīgòu	n.	mechanism	S	10A
109	机械能	jīxiènéng	n.	mechanical energy	G	3B
110	机用虎钳	jīyòng hǔqián	phr.	machine vice	S	8A
111	基本视图	jīběn shìtú	phr.	basic view	S	1A
112	及	jí	conj.	and	G	5B
113	及时	jíshí	adj.	timely	G	4B
114	急停按钮	jítíng ànniǔ	phr.	emergency stop button	S	8B
115	加工	jiā//gōng	v.	process	G	2A
116	加注	jiāzhù	v.	add	G	7B
117	夹具	jiājù	n.	fixture	S	4B
118	夹住	jiāzhù	phr.	clamp	G	8A
119	简单	jiǎndān	adj.	simple	G	10A
120	铰刀	jiǎodāo	n.	broach	S	3
121	铰孔	jiǎo//kǒng	v.	broach a hole	S	4A
122	脚踏板	jiǎotàbǎn	n.	foot treadle	S	8B
123	较	jiào	adv.	relatively, comparatively	G	2A
124	接触	jiēchù	v.	contact	S	9B
125	接触电阻	jiēchù diànzǔ	phr.	contact resistance	S	9B
126	接地线	jiēdìxiàn	n.	ground wire	S	9
127	结构	jiégòu	n.	structure	G	10A
128	结束	jiéshù	v.	end	G	4B
129	紧急	jǐnjí	adj.	urgent	G	8B
130	紧急情况	jǐnjí qíngkuàng	phr.	emergency	G	8B

（续表）

序号	生词	拼音	词性	词义	普通 G 专业 S	所属单元
131	进给	jìnjǐ	v.	feed	S	3B
132	进给手柄	jìnjǐ shǒubǐng	phr.	feed handle	S	3B
133	进给箱	jìnjǐxiāng	n.	feed box	S	5A
134	进给运动	jìnjǐ yùndòng	phr.	feed movement	S	8A
135	精车	jīng chē	phr.	fine turning	S	6
136	精度	jīngdù	n.	accuracy	S	2A
137	精加工	jīng jiāgōng	phr.	fine machining	S	4
138	静触点	jìngchùdiǎn	n.	stationary contact	S	10A
139	静电	jìngdiàn	n.	static electricity	S	9
140	局部剖视图	júbùpōu shìtú	phr.	part sectional view	S	1
141	锯片铣刀	jùpiàn xǐdāo	phr.	saw blade milling cutter	S	7
142	绝缘	juéyuán	v.	insulate	S	9
143	开关	kāiguān	n.	switch	S	10A
144	可	kě	aux.	may, can	G	4B
145	刻度盘	kèdùpán	n.	dial	S	6
146	空挡	kōngdǎng	n.	neutral gear	S	8
147	孔	kǒng	n.	hole	S	3A
148	孔加工	kǒng jiāgōng	phr.	hole machining	S	3A
149	控制	kòngzhì	v.	control	G	2B
150	扩孔	kuò//kǒng	v.	ream a hole	S	4A
151	扩孔钻	kuòkǒngzuàn	n.	reamer	S	3
152	浪费	làngfèi	v.	waste	G	9A
153	牢固	láogù	adj.	firm	G	6A
154	类	lèi	m.	kind, type	G	1A
155	冷却液	lěngquèyè	n.	coolant	S	6
156	立即	lìjí	adv.	immediately	G	8B
157	立式铣床	lìshì xǐchuáng	phr.	vertical milling machine	S	7
158	立铣刀	lì xǐdāo	phr.	end milling cutter	S	7
159	立柱	lìzhù	n.	upright column	S	3B
160	利用	lìyòng	v.	utilize	G	4A
161	连通	liántōng	v.	connect	G	10A
162	量具	liángjù	n.	measuring tool	S	4B
163	两	liǎng	num.	two	G	10B

（续表）

序号	生词	拼音	词性	词义	普通 G 专业 S	所属单元
164	零点	língdiǎn	n.	zero point	S	6
165	溜板箱	liūbǎnxiāng	n.	sliding box	S	5A
166	漏电	lòu//diàn	v.	(of electricity) leak	S	9B
167	螺距	luójù	n.	pitch	S	6
168	密封	mìfēng	v.	seal	G	10B
169	面轮廓度	miàn lúnkuòdù	phr.	profile of any plane	S	1
170	面铣刀	miàn xǐdāo	phr.	face milling cutter	S	7
171	描述	miáoshù	v.	describe	G	1B
172	磨床	móchuáng	n.	grinding machine	S	2
173	磨孔	mó//kǒng	v.	grind a hole	S	4
174	某	mǒu	pron.	certain	G	1A
175	逆铣	nìxǐ	v.	up milling	S	8
176	碰撞	pèngzhuàng	v.	collide with	G	6A
177	平面	píngmiàn	n.	plane	G	7A
178	平面度	píngmiàndù	n.	flatness	S	1
179	平稳	píngwěn	adj.	smooth	G	6B
180	平行度	píngxíngdù	n.	parallelism	S	1
181	破	pò	v.	break	G	6A
182	剖面视图	pōumiàn shìtú	phr.	sectional view	S	1A
183	其中	qízhōng	n.	inside, among	G	3B
184	启动按钮	qǐdòng ànniǔ	phr.	start button	S	10
185	卡盘	qiǎpán	n.	chuck	S	5B
186	卡盘扳手	qiǎpán bānshou	phr.	chuck wrench	S	6
187	切深	qiēshēn	n.	depth of cut	S	6
188	切削	qiēxiāo	v.	cut	S	2A
189	倾斜度	qīngxiédù	n.	inclination	S	1
190	清理	qīnglǐ	v.	sort out, clear up	G	4B
191	情况	qíngkuàng	n.	situation	G	8B
192	区别	qūbié	n.	difference	G	10B
193	曲面	qūmiàn	n.	curved surface	G	7A
194	取	qǔ	v.	take	G	6B
195	全面	quánmiàn	adj.	comprehensive, overall	G	4B
196	全剖视图	quánpōu shìtú	phr.	full sectional view	S	1

（续表）

序号	生词	拼音	词性	词义	普通G 专业S	所属 单元
197	缺乏	quēfá	v.	lack	G	9A
198	确认	quèrèn	v.	confirm	G	4B
199	人们	rénmen	n.	people	G	1A
200	人民	rénmín	n.	people	G	9A
201	人身	rénshēn	n.	person	G	9A
202	人员	rényuán	n.	personnel	G	8B
203	日常	rìcháng	adj.	daily	G	7B
204	润滑油	rùnhuáyóu	n.	lubricating oil	G	7B
205	三面刃铣刀	sānmiànrèn xǐdāo	phr.	side and face milling cutter	S	7
206	三爪卡盘	sānzhǎo qiǎpán	phr.	three-jaw chuck	S	6
207	刹车	shā//chē	v.	put on the brakes	G	6B
208	升降台	shēngjiàngtái	n.	lifting platform	S	7
209	十分	shífēn	adv.	very	G	10A
210	使	shǐ	v.	cause	G	5B
211	世界	shìjiè	n.	world	G	1A
212	试切	shìqiē	v.	trial cut	S	6
213	视图	shìtú	n.	view	S	1A
214	手柄	shǒubǐng	n.	handle	S	3B
215	数控	shùkòng	adj.	of numerical control	S	2B
216	数控车床	shùkòng chēchuáng	phr.	CNC lathe	S	2
217	数控机床	shùkòng jīchuáng	phr.	CNC machine tool	S	2B
218	数控磨床	shùkòng móchuáng	phr.	CNC grinding machine	S	2
219	数控铣床	shùkòng xǐchuáng	phr.	CNC milling machine	S	2
220	数控钻床	shùkòng zuànchuáng	phr.	CNC drilling machine	S	2
221	数字	shùzì	n.	number	G	2B
222	顺铣	shùnxǐ	v.	down milling	S	8
223	丝杠	sīgàng	n.	lead screw	S	5A
224	丝锥	sīzhuī	n.	tap	S	3
225	损失	sǔnshī	n.	loss	G	9A
226	台阶	táijiē	n.	step	S	5
227	套式立铣刀	tàoshì lì xǐdāo	phr.	shell end mill	S	7
228	提供	tígōng	v.	provide	G	3B
229	跳动公差	tiàodòng gōngchā	phr.	run-out tolerance	S	1B

（续表）

序号	生词	拼音	词性	词义	普通 G 专业 S	所属 单元
230	铁屑	tiěxiè	n.	iron filing	S	7B
231	停	tíng	v.	stop	G	6B
232	停车	tíng//chē	v.	stop a lathe	G	6A
233	停止按钮	tíngzhǐ ànniǔ	phr.	stop button	S	10
234	通	tōng	v.	be connected	G	10A
235	通常	tōngcháng	adv.	usually	G	1A
236	同时	tóngshí	conj.	meanwhile	G	6A
237	同轴度	tóngzhóudù	n.	concentricity	S	1
238	推动	tuī//dòng	v.	push	G	10A
239	退车	tuì//chē	v.	back up	G	6B
240	退刀	tuì//dāo	v.	retract a tool	S	6
241	外面	wàimiàn	n.	outside	G	5B
242	外圆	wàiyuán	n.	outer circle	S	5
243	危及	wēijí	v.	endanger	G	9A
244	为	wéi	v.	be	G	8A
245	尾座	wěizuò	n.	tailstock	S	5A
246	为	wèi	prep.	for	G	3B
247	未经	wèi jīng	phr.	without	G	8B
248	位置	wèizhì	n.	position	G	5B
249	位置度	wèizhìdù	n.	position	S	1
250	稳	wěn	adj.	steady, smooth	G	6B
251	卧式铣床	wòshì xǐchuáng	phr.	horizontal milling machine	S	7
252	无误	wúwù	v.	be unmistakable	G	4B
253	物体	wùtǐ	n.	object, substance	G	1A
254	铣刀	xǐdāo	n.	milling cutter	S	7A
255	铣夹头	xǐjiātóu	n.	milling chuck	S	8
256	铣头	xǐtóu	n.	milling head	S	8A
257	铣削	xǐxiāo	v.	work (metal, etc.) with a milling machine, mill	S	7A
258	系统	xìtǒng	n.	system	G	2B
259	细	xì	adj.	fine	G	2A
260	现代	xiàndài	n.	modern times	G	2B
261	限定	xiàndìng	v.	limit	G	1A
262	线轮廓度	xiàn lúnkuòdù	phr.	profile of any line	S	1

（续表）

序号	生词	拼音	词性	词义	普通G 专业S	所属 单元
263	相关	xiāngguān	v.	be related	G	8B
264	相关人员	xiāngguān rényuán	phr.	relevant personnel	G	8B
265	小刀架	xiǎodāojià	n.	compound rest	S	6A
266	效果	xiàoguǒ	n	effect	G	10B
267	形式	xíngshì	n.	form	G	4A
268	形状公差	xíngzhuàng gōngchā	phr.	form tolerance	S	1B
269	需	xū	v.	need	G	2A
270	旋钮	xuánniǔ	n.	knob	S	10B
271	旋钮开关	xuánniǔ kāiguān	phr.	rotary switch	S	10B
272	旋转	xuánzhuǎn	v.	rotate	G	5A
273	学员	xuéyuán	n.	student, trainee	G	8B
274	严禁	yánjìn	v.	strictly prohibit	G	8B
275	仰视图	yǎngshìtú	n.	bottom view	S	1
276	一定	yídìng	adj.	certain	G	10B
277	以	yǐ	prep.	using, by means of	G	10B
278	以防	yǐ fáng	phr.	prevent	G	8B
279	以上	yǐshàng	n.	above	G	9B
280	隐患	yǐnhuàn	n.	hidden danger	G	9B
281	应	yīng	aux.	should	G	4B
282	应用	yìngyòng	v.	apply	G	10A
283	用途	yòngtú	n.	use	G	7A
284	用于	yòngyú	phr.	be used	G	4A
285	油窗	yóuchuāng	n.	oil window	S	7B
286	油位	yóuwèi	n.	oil level	S	7B
287	右视图	yòushìtú	n.	right view	S	1
288	语言	yǔyán	n.	language	G	1A
289	预加工	yù jiāgōng	phr.	preprocessing	S	4
290	遇到	yùdào	phr.	in case of, run into	G	8B
291	圆度	yuándù	n.	circularity	S	1
292	圆跳动	yuán tiàodòng	phr.	circular run-out	S	1
293	圆柱度	yuánzhùdù	n.	cylindricity	S	1
294	圆柱铣刀	yuánzhù xǐdāo	phr.	cylindrical milling cutter	S	7
295	运动	yùndòng	v.	move	G	8A

（续表）

序号	生词	拼音	词性	词义	普通 G 专业 S	所属单元
296	载流量	zàiliúliàng	n.	current carrying capacity	S	9
297	造成	zàochéng	v.	cause	G	9A
298	展示	zhǎnshì	v.	show	G	1A
299	占	zhàn	v.	account for	G	9B
300	站立	zhànlì	v.	stand	G	6A
301	罩壳	zhàoqiào	n.	housing, shell	S	3B
302	整个	zhěnggè	adj.	whole	G	3B
303	整体	zhěngtǐ	n.	whole	G	10B
304	正对	zhèng duì	phr.	face directly	G	6A
305	之一	zhīyī	n.	one of	G	9B
306	支撑	zhīchēng	v.	support	S	3
307	知识	zhīshi	n.	knowledge	G	9A
308	直径	zhíjìng	n.	diameter	G	4A
309	直线度	zhíxiàndù	n.	straightness	S	1
310	指	zhǐ	v.	refer to	G	2A
311	制图	zhì//tú	v.	draw/draft (a chart)	G	1A
312	制造业	zhìzàoyè	n.	manufacturing industry	G	1A
313	终加工	zhōng jiāgōng	phr.	final processing	S	4
314	重大	zhòngdà	adj.	heavy	G	9A
315	重要	zhòngyào	adj.	important	G	3A
316	周边	zhōubiān	n.	surroudings, periphery	G	7B
317	主触点	zhǔchùdiǎn	n.	main contact	S	10B
318	主开关	zhǔkāiguān	n.	master switch	S	10
319	主令电器	zhǔlìng diànqì	phr.	master switch	S	10A
320	主视图	zhǔshìtú	n.	front view	S	1
321	主运动	zhǔ yùndòng	phr.	main movement	G	8A
322	主轴	zhǔzhóu	n.	spindle	S	5B
323	主轴箱	zhǔzhóuxiāng	n.	spindle box	S	5A
324	转换	zhuǎnhuàn	v.	convert, transform	G	3B
325	转动	zhuàndòng	v.	turn, rotate	G	5B
326	转速	zhuànsù	n.	rotating speed	G	5B
327	装夹	zhuāngjiā	v.	clamp	S	6A
328	装有	zhuāngyǒu	phr.	be equipped with	G	2B

（续表）

序号	生词	拼音	词性	词义	普通G 专业S	所属 单元
329	状态指示灯	zhuàngtài zhǐshìdēng	phr.	status indicator lamp	S	10
330	自动化	zìdònghuà	v.	automate, automatize	S	2B
331	总数	zǒngshù	n.	total	G	9B
332	总跳动	zǒng tiàodòng	phr.	total run-out	S	1
333	走刀	zǒu//dāo	v.	feed	S	8
334	组成	zǔchéng	v.	make up, compose	G	3B
335	钻床	zuànchuáng	n.	drilling machine	S	3A
336	钻夹头	zuànjiātóu	n.	drill chuck	S	3B
337	钻孔	zuàn//kǒng	v.	drill a hole	S	4A
338	钻头	zuàntóu	n.	drill bit	S	3A
339	最	zuì	adv.	most	G	5B
340	最终	zuìzhōng	n.	final	G	2A
341	左视图	zuǒshìtú	n.	left view	S	1

视频脚本　Video Scripts

第一单元　零件图的识读

一、热身

A：在工程制图里哪三种基本视图通常被用来描述零件的形状？

B：一般来说是主视图、左视图和俯视图。

三、视听说

A：除了形状公差外，还有其他的公差符号吗？

B：还有定向公差、定位公差、跳动公差等。

A：您能具体解释一下吗？

B：定向公差包括倾斜度、垂直度、平行度等，定位公差包括位置度、同轴度、对称度等，跳动公差包括圆跳动和总跳动。

四、学以致用

　　大家好！今天我来给大家介绍第一角投影法里的六种基本视图。第一角投影法是假定物件被放在一个方盒子里，箱内 6 个方向的投影产生该物体 6 幅正投影图样。主视图是从前向后得到的投影图样，左视图是从左往右得到的投影图样，俯视图是从上往下看在底部得到的投影图样，以此类推。

第二单元　常用机床

一、热身

A：什么是数控机床？

B：数控机床是指数字控制的机床，常用的数控机床主要有数控车床、数控磨床、数控钻床、数控铣床、数控镗床。

三、视听说

A：普通机床和数控机床有什么区别？

B：它们的含义不同，结构不同，操作效率不同。

A：您能具体解释一下吗？

B：普通机床由电机带动皮带，传递扭矩实现对工件的加工，一般用齿轮变速，加工精度低。数控机床是自动化机床，自动地将零件加工出来，一般用数控程序变速，加工精度高。

四、学以致用

　　大家好！今天我来给大家介绍几种常用普通机床的作用。普通机床主要包括车床、钻床、磨床和铣床。车床主要加工各种回转成型面，如内外圆柱面、螺纹、滚花等。钻床是用钻头在工件上加工孔。铣床主要用铣刀在工件上加工各种表面，如平面、沟槽、齿轮等。磨床是利用磨具对工件表面进行磨削加工。

第三单元　钻床的结构

一、热身

A：钻床有哪些种类？

B：常用的钻床主要有台式钻床、立式钻床、摇臂钻床、数控钻床。

三、视听说

A：台式钻床主要由哪些部件构成？

B：主要包括七部分：罩壳、电动机、手柄、立柱、底座、工作台以及钻夹头。电动机带动主轴旋转；工作台安装在升降台上，与底座相连接；立柱对主轴或横梁起到支撑作用；钻夹头用来夹持钻头。

四、学以致用

大家好！今天我来给大家介绍几种常用钻床孔加工的刀具。这是钻孔用的麻花钻，这是扩孔用的扩孔钻，这是铰孔用的铰刀，这是攻螺纹用的丝锥。

第四单元　钻床的使用

一、热身

A：怎么装夹工件？

B：钻孔前，一般都须将工件装夹固定，有以下方法：用平口钳夹持工件；用V型架夹持工件；用压板夹持工件；用钻床夹具夹持工件。

三、视听说

A：如何用钻床进行加工？

B：我们首先选择合适的钻头，将钻头夹紧在钻夹头中。然后将画好线的工件固定。按下绿色按钮，主轴旋转。然后操作进给手柄开始钻孔。按下红色按钮，主轴停止转动，这样就加工完成了。

四、学以致用

大家好！今天我来给大家介绍几种常见孔加工的过程。这是钻孔，一般用于初步孔加工；这是扩孔，用于要求不是很高的终加工或铰孔、磨孔前的预加工；这是铰孔，是对预制孔进行精加工的一种孔加工方式，也可以用于精细孔的初加工；这是攻螺纹，用于加工螺纹。

第五单元　车床的结构

一、热身

A：车床有哪些种类？

B：常用的车床主要有卧式车床、立式车床、六角车床、数控车床。

三、视听说

A：车床主要由哪些部件构成？

B：主要包括这些部分：主轴箱；刀架，用来装夹车刀；尾座，用来支撑较长的工件，还可以安装各种切削刀具，如钻头、铰刀等；进给箱，使丝杠或光杠得到不同的转速；光杠，用于正常加工时的进给；丝杠，用来车削螺纹，它能使床鞍和刀架按要求的速度移动；溜板箱，把丝杠或光杠的转动传给床鞍或滑板；床身，用来支持车床的各个部件。

四、学以致用

大家好！今天我来给大家介绍车床加工的几种常用车刀。这是用于车削工件外圆、台阶和端面的外圆车刀；这是用于车削工件外圆、端面和倒角的端面车刀；这是用来切断工件或切沟槽的切断刀；这是车削各种特殊形面工件的成形车刀；这是车削各种螺纹的螺纹车刀；这是车削工件内孔的内孔车刀。

第六单元　车床的使用

一、热身

A：如何在车床上安装工件？

B：将工件放入三爪卡盘的中心部位，用三爪扳手轻轻拧紧。低速开车，观察工件端面是否摆动。如果摆动，轻轻地敲击工件，进行找正。找正以后，用三爪扳手牢牢卡紧工件。

三、视听说

A：如何用车床进行加工？

B：开车对零点，即确定车刀和工件的接触点，作为加工的起点；沿进给反方向退刀；进切深，车刀横向向前，切入工件一定深度；缓慢、平稳、均匀地手动进给；走刀切削；加工完成后退刀。

四、学以致用

大家好！今天我来给大家介绍使用车床时的注意事项。

1.启动前，检查车床各部分和手柄位置。

2.车床启动后，应使主轴低速空转 1～2 分钟。

3.装夹较重的工件时，用木板保护床面。

4.安装好工件后，应将卡盘扳手取下，以免机器启动后甩出打伤人。

5.车刀磨损后，要及时刃磨。

6.冷却系统中的冷却液应定时更换。

7.每件工具放在固定位置。

8.工作结束后，将车床恢复到原位，各手柄放空挡，关闭电源。

第七单元　铣床的结构

一、热身

A：立式铣床主要包括哪几个部分？

B：主要包括七个部分：铣头、工作台、床鞍、升降台、立柱、床身和底座。

三、视听说

A：铣削加工会用到哪些铣刀？

B：加工平面时，会用到圆柱铣刀、面铣刀和套式立铣刀。加工沟槽和台阶面时会用到立铣刀和三面刃铣刀，三面刃铣刀的两侧面和圆周上均有刀齿。当加工深槽和切断工件时，还会用到锯片铣刀。

四、学以致用

大家好！今天我来给大家介绍几种铣刀，它们常用于加工形状特殊的沟槽。双角铣刀用于加工 V 型槽，单角铣刀用于加工角度槽，凸半圆铣刀用于加工底部为凹半圆的沟槽，凹半圆铣刀用于加工顶部为半圆的凸台，T 型槽铣刀用于加工 T 型槽，燕尾槽铣刀用于加工燕尾槽。

第八单元　铣床的使用

一、热身

A：如何在立铣头上安装铣刀？

B：将主轴锥孔和铣刀顶部擦干净；垫棉纱，左手握住铣刀，将铣刀锥柄直接装入主轴锥孔；从立铣头上方，按顺时针方向，用手旋紧拉杆；用扳手拧紧，紧固铣刀。

三、视听说

A：如何用铣床进行加工？

B：调整主轴转速和工作台的进给量；装好铣刀；装夹工件；按下绿色按钮，主轴旋转；操作进给手柄开始铣削；按下红色按钮，主轴停止转动。

四、学以致用

大家好！今天我来给大家介绍使用铣床时的注意事项。

1.启动前，检查各个手柄、油窗油位，虎钳是否夹紧。

2.启动铣床，观察主轴运转和自动进给是否正常。

3.装卸工件时擦干净工作台面和附件基准面。

4. 走刀时，不能测量工件或用手摸工件。

5. 操作时，人不能离开工作岗位。

6. 爱护铣床工作台和导轨面，不要将扳手、锤子直接放上面。

7. 铣床不用时，各手柄应放到空挡位置。

8. 及时清除铁屑，及时添加或更换润滑油、冷却液。

第九单元　电气安全知识

一、热身

A：电气安全防护用品的作用是什么？

B：它主要是用来保护电气工作人员的人身安全的。

A：哪些物品属于防护用品？

B：主要有工作服、安全帽、安全鞋、安全手套、绝缘手套等。

三、视听说

A：电气安全知识的核心内容是什么？

B：核心内容包括电气绝缘、安全距离、安全载流量、安全标志和防护用品。

A：您能具体解释一下吗？

B：电气绝缘是保证人身安全和电气设备正常运行的最基本要素。安全距离是指人体、物体等接近带电体而不发生危险的安全距离。安全载流量是指允许持续通过导体内部的电流量。安全标志是保证用电安全的重要因素。防护用品在电气工作时，一定要穿戴。

四、学以致用

　　大家好！今天我来给大家介绍一下在全部或部分停电设备上工作时，保证安全的技术措施。这些措施依次为：停电、验电、装设接地线、悬挂标识牌、装设临时遮拦。

第十单元　常用电气开关

一、热身

A：常见的按钮开关有哪些？

B：主要有保护式、防水式、防腐式和防爆式。

A：那它们各自的特点是什么？

B：保护式按钮开关带有保护外壳，可以防止人触及带电部分；防水式带密封外壳，可以防止雨水入侵；防腐式能防止腐蚀性气体侵入；防爆式可以在煤矿等场所使用，不引起传爆。

三、视听说

A：按钮开关和旋钮开关有什么区别？

B：它们的外形不同，结构不同，操作原理也不同。

A：您能具体解释一下吗？

B：按钮开关利用按钮推动传动机构，使动触点和静触点连通或断开，只有开、关两种状态，结构简单，使用广泛。旋钮开关以旋转手柄控制主触点通断，有两挡和三挡的区别，整体采用密封结构。

四、学以致用

　　大家好！今天我来给大家介绍铣床各个开关的作用。铣床正面的四个按钮从左到右为：急停开关，在紧急情况下制动；点动按钮，使工作台移动；启动按钮，使铣床主轴转动；停止按钮，使铣床主轴停转。铣床侧面红色的是旋钮式主开关，控制主电路的通断；上面的那个是照明灯旋钮开关，控制铣床的照明灯。

参考答案 Reference Answers

第一单元

一、热身

1. ① D ② A ③ C ④ E ⑤ B ⑥ F

2. ①—C ②—B ③—A

三、视听说

①—D ②—E ③—A ④—B

⑤—H ⑥—G ⑦—F ⑧—C

四、学以致用

① B ② E ③ A ④ F ⑤ D ⑥ C

第二单元

一、热身

1. ① B ② D ③ C ④ A

2. ①—C ②—B ③—D ④—A

三、视听说

① B C D ② A E F

四、学以致用

① C ② A ③ B ④ D

第三单元

一、热身

1. ① B ② D ③ C ④ A

2. ①—D ②—C ③—A ④—B

三、视听说

① C ② E ③ D ④ G ⑤ A ⑥ B ⑦ F

四、学以致用

① C ② D ③ B ④ A

第四单元

一、热身

1. ① B ② C ③ D ④ A

2. ①—C ②—D ③—B ④—A

三、视听说

D → F → C → A → B → E

四、学以致用

① C ② D ③ B ④ A

第五单元

一、热身

1. ①C　②D　③B　④A

2. ①—D　②—A　③—B　④—C

三、视听说

①C　②B　③A　④F　⑤G　⑥H　⑦E　⑧D

四、学以致用

①E　②D　③A　④B　⑤F　⑥C

第六单元

一、热身

1. ①D　②C　③B　④A

2. B → D → A → C

三、视听说

B → D → C → F → E → A

四、学以致用

①√　②√　③√　④×　⑤√　⑥×　⑦√　⑧√

第七单元

一、热身

1. ①C　②A　③D　④B

2. ①A　②D　③F　④B　⑤C　⑥E

三、视听说

①F　②E　③A　④D　⑤B　⑥C

四、学以致用

①D　②A　③E　④F　⑤C　⑥B

第八单元

一、热身

1. ①C　②D　③B　④A

2. C → B → A → D

三、视听说

A → D → E → C → F → B

四、学以致用

①√　②√　③×　④×　⑤×　⑥×　⑦√　⑧√

第九单元

一、热身

1. ①C　②E　③A　④B　⑤F　⑥D

2. A—③　B—⑤　C—①　D—④　E—②

三、视听说

①C ②D ③E ④B ⑤A

四、学以致用

D→C→E→B→A

第十单元

一、热身

1.①C ②F ③B ④A ⑤D ⑥E

2.①—C ②—D ③—A ④—B

三、视听说

①—BEF ②—ACD

四、学以致用

①E ②A ③D ④B ⑤C ⑥F